KB271058

회계이익은 신뢰 가능한 정보인가?

회계이익은 신뢰 가능한 정보인가?

주 태 순 著

책머리에

1997년 11월 우리나라는 사상초유의 경제적 사건으로 IMF에 구조요청을 신청하게 되었다. 회계학을 전공한 사람으로서 가슴이 떨리고 어안이 벙벙해져 아무 말도 뱉지도 삼키지도 못했다. 모두들 기업의 회계처리와 관행, 회계정보의 신뢰성에 비난의 화살을 쏟아 부었다. 최근에는 외환은행의 해외자본 매각이 탈세와 정부고위관리자 개인비리 등과 관련하여 또다시 언론에 보도되고 있다.

자본주의 경제체제에 있어 기업의 사회적 역할은 무엇보다 중요시된다. 따라서 기업과 관련된 회계정보의 역할과 신뢰성 역시 그 나라 경제와 사회에 기여하는 바를 이루 말로 형용하기 어렵다.

처음으로 본 서에 대하여 출판의뢰를 받았을 때 나는 심각하게 고민하였다. '회계'라는 용어가 우리사회 일반인들이 쉽게 받아들이는 말이 아니므로 좀 더 편안하게 책의 내용을 이해하도록 하는데 한계를 느꼈기 때문이다. 21세기 정보화시대를 살면서 경제적 현상이나 사건의 가장 핵심적인 정보가 회계정보인데 회계는 경리나 부기와 동급으로 인식되고 있다는 사실이 무척이나 안타까웠다.

회계의 가장 요약정보는 회계이익이고 이는 재무제표를 통해 쉽게 획득 가능하지만, 회계이익이 궁극적으로 무엇을 말하는 것인지, 어떻게 해석해야 하는지에 대해서는 난감해 한다.

회계의 목적은 역사적으로 많은 변천과정을 겪으면서 다양하게 정의되어 왔으나 오늘날 학계에서 인정받고 있는 회계의 목적은 정보이용자에게 경제적 의사결정에 유용한 정보를 제공하는 데 있다는 것이다. 이러한 정의는 1978년 미국의 재무회계기준위원회(Financial Accounting Standards Board; FASB)에서 공표한 재무회계개념보고서(Statement of Financial Accounting Concepts; SFAC) 제1호에 기인한다. FASB에 의한 이러한 정의는 정보적 접근법(informational perspective)의 관점에서 회계의 목적을 설명하는 것이다.

본 서는 회계이익의 정보적 역할을 학문적으로 살펴보면서 동시에 과거 20년간 우리나라의 자본시장에서는 어떠한 현상들이 나타났는지를 실증적으로 검토해 보고자 하였다.

본 서는 크게 여섯 개의 장으로 구성되어 있다. 첫 번째 장은 서론으로써 본 연구의 목적과 구성에 대해 언급하고 있다. 두 번째 장은 회계정보의 유용성에 대한 이론 및 선행연구에 대한 분석으로 이루어져 있으며, 세 번째 장은 회계이익의 역할과 정보력의 시계열 변화에 대한 저자의 생각을 서술하였다. 네 번째 장은 세 번째 장의 내용을 검증하기 위한 연구모형을 설계하였고, 다섯 번째 장은 연구모형 설계에 따른 실증분석결과를 기술하였다. 그리고 마지막 장은 결론으로 회계이익이 지니는 두 가지 역할에 대한 경제적 의미와 그 해석에 대한 연구자의 생각과 한계를 지적하였다.

한 가지 아쉬운 점이 있다면 저자의 능력과 물리적 시간의 부족함으로 인해 좀 더 쉽고 편안하게 집필되지 못했다는 것이다. 앞으로 좀 더 연구에 매진하여 전공자가 아닌 일반인들도 쉽게 이해할 수 있는 알찬 정보를 담은 책을 출간하고 싶다. 이번에 졸저를 출판하여 주신 한국학술정보주식회사의 사장님 이하 직원분들의 노고에 감사드린다. 특히 출판사업팀의 박주선 씨께 고마움을 전하고 싶다.

끝으로 작업하는 동안 힘들 때 마다 꺼내 읽어보며 마음 추스렸던 詩 한 편을 적어 가족들에게 감사의 마음을 전하고 싶다.

감사의 기도

옮기는 발걸음 걸음 마다에도
행여나 하는 마음으로 하늘에서 내려다 봐주실 아버지,

당신이 조금이라도 힘이 있어 보살펴줄 수 있을 때
얼른 얼른 하라며 재촉해 주신 어머니,

뭐 하나라도 도와줄 일이 없을까
마음까지 챙겨준 나의 동반자,

그리고 소중한 우리 장준이와 나빈이…

모두에게 감사하다는 말씀 전해 올립니다.

부족하지만 열정으로 쓰여진 이 글을
그들의 사랑으로 완성합니다.

2006년 8월 연구실에서

주 태 순

목 차

제1장 서 론 ···13

  1.1. 연구목적 ···13

  1.2. 연구방법 및 구성 ··17

제2장 회계정보의 유용성 ···19

  2.1. 정보적 접근법에 의한 회계이익의 정보유용성 ··············19

    2.1.1. 회계이익의 가치평가 정보력에 관한 연구 ···············22

    2.1.2. 현금흐름과 발생조정의 증분 정보내용에 대한 연구 ···········26

  2.2. 대리모형과 회계정보 ··35

    2.2.1. 대리이론(agency theory)에 의한 경영자 보상함수의 고찰 ·········36

    2.2.2. 회계이익의 수탁책임 정보력에 관한 연구 ················44

제3장 회계이익의 역할과 정보력 변화 ·····················55

  3.1. 회계정보의 수탁책임정보력과 가치관련성의 관계 ·············55

  3.2. 경영자 보상함수에 사용되는 회계이익의 역할 ···············63

    3.2.1. 동기부여목적 ···63

    3.2.2. 위험분담목적 ···64

    3.2.3. 경영자의 숨은 노력에 대한 증분정보력 ·················66

  3.3. 회계정보 유용성의 시계열 변화 ·····························66

  3.4. 현금흐름과 발생조정 정보력의 시계열 변화 ·················68

  3.5. 회계이익의 가치평가 정보력과 수탁책임 정보력의 시계열 변화 ·········70

  3.6. 비기대 보상의 역할 ··72

제4장 연구모형의 설계 ··75

　4.1. 회계이익의 가치평가와 수탁책임 정보력의 관련성에 대한 연구모형 ······75

　4.2. 회계이익의 가치평가와 수탁책임 정보력의 시계열 변화에 대한 연구모형 ····80

　4.3. 현금흐름과 발생조정 정보력의 시계열 변화에 대한 연구모형 ············88

　4.4. 비기대 보상의 역할을 검증하기 위한 모형 ······························99

제5장 회계이익의 정보유용성에 대한 실증분석 ···············105

　5.1. 실증분석에 사용된 자료와 기술통계량 ································105

　5.2. 회계이익의 정보유용성에 대한 실증분석결과 ··························112

　　5.2.1. 회계이익의 가치평가 정보력과 수탁책임정보력 사이의 관련성 ·········112

　　5.2.2. 회계이익의 가치평가와 수탁책임 정보력의 시계열변화 ······················120

　　5.2.3. 회계이익의 가치평가 정보력에 있어 현금흐름과 발생조정 정보력의
　　　　　시계열 변화 ··123

　　5.2.4. 회계이익의 수탁책임 정보력에 있어 현금흐름과 발생조정 정보력의
　　　　　시계열 변화 ··125

　　5.2.5. 회계이익의 가치평가 정보력과 수탁책임 정보력의 시계열 변화에
　　　　　대한 검증결과 ··127

　　5.2.6. 비기대 보상의 역할에 대한 실증분석결과 ·····························128

제6장 결 론 ···133

　6.1. 연구의 요약 ··133

　6.2. 연구의 한계 및 향후 연구방향 ···135

참고문헌 ··137

표 목차

〈표 4-1〉 회계이익의 정보력간 관련성에 대한 검증모형 ·················· 79

〈표 4-2〉 회계이익의 가치평가 정보력의 시계열 변화에 대한 검증모형 ········· 85

〈표 4-3〉 회계이익의 수탁책임 정보력의 시계열 변화에 대한 검증모형 ········· 86

〈표 4-4〉 회계이익의 역할간 시계열 변화에 대한 검증모형 ·················· 88

〈표 4-5〉 회계이익의 구성요소별 가치평가 변화에 대한 검증모형 ·············· 97

〈표 4-6〉 회계이익의 구성요소별 수탁책임 변화에 대한 검증모형 ·············· 98

〈표 4-7〉 비기대 보상의 역할에 대한 검증모형 ·················· 103

〈표 5-1〉 표본의 산업별 구성 ·················· 106

〈표 5-2〉 전체표본의 산업별·연도별 구성명세 ·················· 107

〈표 5-3〉 기술통계량 ·················· 110

〈표 5-4〉 ERC와 CERC의 상관관계 ·················· 119

〈표 5-5〉 회계이익의 가치평가 정보력의 시계열 변화 ·················· 121

〈표 5-6〉 회계이익의 수탁책임 정보력의 시계열 변화 ·················· 122

〈표 5-7〉 회계이익의 구성요소별 가치평가 정보력의 시계열 변화 ·········· 124

〈표 5-8〉 회계이익의 구성요소별 수탁책임 정보력의 시계열 변화 ·········· 126

〈표 5-9〉 기대보상의 추정 ·················· 128

〈표 5-10〉 비기대 보상의 역할 ·················· 131

〈표 5-11〉 실증분석 결과의 요약 ·················· 132

그림 목차

〈그림 2-1〉 회계정보와 기업가치의 관계 ···································· 20
〈그림 5-1〉 ERC 변화: 시장조정누적수익률(XRET)을 사용하는 경우 ·············· 114
〈그림 5-2〉 ERC 변화: 산업조정 누적수익률(IRE)을 사용하는 경우 ·············· 115
〈그림 5-3〉 CERC 변화: 현금보상비율(COMP1)을 사용하는 경우 ················ 116
〈그림 5-4〉 CERC 변화: 현금보상의 자연대수값(COMP2)을 사용하는 경우 ········· 117

제1장 서 론

1.1. 연구목적

21세기를 정보화 시대라 부르는 데 이의를 제기할 사람은 아무도 없을 것이다. 오늘날 정보는 인간이 사회생활을 유지하는 데 없어서는 안될 생활도구가 되었다. 특히 기업이 국가경제활동의 기반을 형성하고, 주요 경제주체로서의 역할을 하고 있는 현대에는 기업의 경영활동과 관련된 회계정보의 중요성이 날로 증대되고 있다. 회계의 목적은 역사적으로 많은 변천과정을 겪으면서 다양하게 정의되어 왔다. 회계의 목적이 요즘과 같이 정보이용자에게 경제적 의사결정에 유용한 정보를 제공하는 데 있다고 정의한 것은 1978년 미국의 재무회계기준위원회(Financial Accounting Standards Board; FASB)에서 공표한 재무회계개념보고서(Statement of Financial Accounting Concepts; SFAC) 제1호였다.

SFAC 제1호는 기업을 둘러싼 여러 이해관계자의 의견을 수렴하고, 그때까지의 연구결과를 종합하여 실무와 이론이 조화될 수 있는 회계목적을 정립하였다. SFAC 제1호에서 밝힌 회계의 기본목적은 정보이용자의 경제적 의사결정에 유용한 정보의 제공에 있으며, 주요 정보이용자로 투자자와 채권자를 들고 있다. FASB에 의한 이러한 정의는 정보적 접근법(informational perspective)의 관점에서 회계의 목적을 설명하는 것이다. 기업의 여러 이해관계자 중 주요 정보이용자를 투자자와 채권자로 정의하는 견해는 오늘날의 경제환경(특히 자본시장의 발달)에 비추어 볼 때, 투자자와 채권자들이 회계정보의 이용에 가장 많은 관심을 가지고 있을 뿐만 아니라 이해관계도 크기 때문에 이들을 위한 정보의 제공이 중요시된다는 데 근거를 두고 있다(남상오, 1996). 뿐만 아니라 FASB에서도 회계목적을 투자자와 채권자를 중심으로 하는 것은 실용적인(pragmatic) 이유로 인정된다고 밝히고 있다.

투자자와 채권자는 재무제표를 통해 회계정보를 획득한다. 역사적으로 볼 때 재무보고는 경영자의 수탁책임을 평가하기 위한 수단에서 비롯되었다. 경영자는 자본의 공급자인 주주(투자자)나 채권자의 재무적 자원에 대한 통제권을 위임받은 대리인이다. 따라서 주주나 채권자에게 경영자의 수탁책임을 평가할 수 있는 정보를 제공하는 것이 재무보고의 주된 목적이었다. 이러한 목적을 달성하기 위해서는 단순히 현금의 유출·입만을 보고하는 것은 적절하지 못하였기 때문에 재무보고의 필요요건으로 발생주의 회계를 채택하게 되었다. 그러나 20세기에 접어들어 자본시장이 발달함에 따라 주주의 투자의사결정에 유용한 경영성과 정보가 요구되었다. 이러한 성과정보에 대한 요청으로 기간손익을 중시하게 되었으며, 기간손익을 나타내는 전통적인 경영성과척도가 바로 회계이익이다. 회계이익은 주주의 투자의사결정과 부채차입계약은 물론이고, 경영자보상계획과 신규상장기업의 사업보고서 등에도 이용되고 있다.

발생주의 회계제도에서 산출된 회계이익정보의 유용성을 실증적으로 검증한 Ball과 Brown(1968)의 연구 이후부터 회계정보의 본질과 역할에 대한 논의가 보다 활발하게 이루어졌다. 회계이익이 당기 및 미래 현금흐름에 대한 대용치라는 전제조건에서 회계이익은 두 가지 역할을 수행한다.[1] 첫째, 회계이익은 주식가격을 결정하는 기업가치평가에 대

---

1) 회계이익이 수행하는 두 가지 역할은 회계의 목적과 관련이 있다. FASB 에서 언급하고 있는 회계목적에는 투자 및 신용결정에 유용한 정보의 제공(information useful in investment and credit decisions)뿐만 아니라 수탁책임(management stewardship)에 관한 정보의 제공도 포함된다.

한 정보를 제공한다. 둘째, 회계이익은 경영자 업적평가와 보상을 결정하는 수탁책임 역할을 수행하게 된다.

　그러나 회계이익이 역사적 원가주의와 보수주의에 입각해서 측정되고 있으므로, 이로 인해 정보이용자의 의사결정에 부적합하거나 오도하는 정보가 제공될 수 있다. 특히 재무보고의 목적이 수탁책임중심에서 투자의사결정중심으로 전환됨에 따라 회계이익의 유용성에 대한 비판이 고조되었다. 최근 들어 기업의 기술개발과 투자환경이 급격히 변화하면서 기업 간 경쟁이 치열해지고 있다. 이처럼 급변하는 경영환경과 치열한 경쟁적 투자환경하에서는 의사결정의 불확실성이 주주와 경영자 사이의 정보비대칭(information asymmetry)을 더욱 강화시킬 수 있다. 뿐만 아니라 경영자 업적평가에 비재무적 성과측정치와 공시되지 않은 내부성과 측정치를 사용하는 비중이 늘고 있다. 이러한 회계환경의 변화로 인해 역사적 원가주의와 보수주의에 의해 산출된 회계이익은 그 정보유용성이 감소할 수밖에 없다(Kaplan 외 1996). AICPA(미국공인회계사회) 특별위원회(1994) 역시 재무제표에 미래지향적인 정보를 주석으로 동시에 공시하려는 시도가 증가한다고 보고하였다. 우리나라의 경우에도 회계이익정보의 유용성에 회의적인 결과가 도출되었다는 연구가 보고되고 있다. 예를 들어 한봉희(1998a)는 회계이익정보의 유용성이 과거 기간(1981년부터 1995년까지)동안 저하되었으며 특히 이러한 저하가 1987년에 급격하였음을 시사하였다. 그리고 회계이익정보의 유용성이 저하된 원인으로서 부실회계감사의 만연으로 인한 회계정보의 신뢰성 저하, 그리고 이익지속성의 감소를 제시하고 있다. 최종서(1998)는 보다 분석적 모형을 통하여 투명성 혹은 신뢰성이 결여된 회계정보는 자본시장에서의 유용성도 결여될 수밖에 없음을 보여주었다. 즉 회계이익을 현금흐름요소와 발생조정요소로 구분하여 발생조정이 비정상적으로 과다하게 수행될 경우 기간경영성과에 대한 대표적인 회계성과측정치인 회계이익의 정보가치가 저하됨을 실증적으로 검증하였다.

만일 회계이익의 정보력이 약화되고 있다면, 이것은 정보이용자에게 경제적 의사결정에 유용한 정보의 제공이라는 기본적인 회계목적이 달성되기 어렵다는 것을 의미한다. 회계의 목적이 달성되지 못한다는 것은 회계학의 위상이 흔들리는 중대한 문제이다. 본 연구는 회계가 지니는 정보의 유용성에 대한 문제점을 인식하고, 과거 20년간의 시계열 자료를 근거로 회계의 정보적 유용성을 분석하고자 한다.

본 연구의 목적은 크게 다섯 가지로 요약할 수 있다.

첫째, 회계이익의 기업가치결정에 대한 정보력과 경영자의 수탁책임에 대한 정보력 간의 경제적 연결고리가 있는지를 검증하고자 한다.

둘째, 만약 회계이익의 두 정보력 간 상호관련성을 추론할 수 있다면, 회계환경의 변화에 따른 가치관련성 정보가 시계열로 감소할 경우 회계이익의 수탁정보력의 변화를 예측할 수 있을 것이다. 따라서 회계정보 유용성의 시계열 변화를 가치평가 정보력과 수탁책임 정보력으로 구분하여 실증분석 하고자 한다.

셋째, 발생주의에 기초한 회계이익은 현금흐름과 발생조정으로 나누어 볼 수 있다. 그러므로 회계이익의 정보유용성이 시계열적으로 변화한다면 현금흐름과 발생조정 중 어느 부분의 정보력이 회계환경 변화에 보다 많은 영향을 받았는지를 분석하고자 한다.

넷째, 회계이익의 가치평가 정보력과 수탁책임 정보력의 시계열 변화의 상대적 크기를 살펴보고자 한다. 회계이익은 노동계약의 효율성을 높이기 위하여 위험분담 목적으로 경영자 보상계약에 사용된다. 또한 경영자의 직무가 다차원적이기 때문에 노력배분을 최적으로 유도하기 위한 목적으로 회계이익이 보상계약에 사용된다. 따라서 회계환경의 변화로 인한 회계정보의 가치관련성의 감소에 비해 회계이익의 수탁책임 정보력의 감소가 상대적으로 작을 가능성이 있다.

다섯째, 회계이익의 수탁책임 정보력의 시계열 감소가 존재할 경우 비기대 보상의 역할을 분석하고자 한다. 회계정보의 수탁책임 정보력이 시계열로 감소한다는 것은 경영자 업적평가에 내부정보나 비재무적 정보 등이 사용되는 비중이 커진다는 것을 의미한다. 그러므로 경영자 보상함수에 비재무적 정보나 내부정보와 같은 변수가 누락되면 경영자의 미래 업적을 평가하는 데 있어 당기 비기대 보상의 정보력이 증가할 것이다.

1.2. 연구방법 및 구성

회계이익정보는 가치평가 목적과 수탁책임 목적을 동시에 수행한다. 본 연구의 목적은 회계이익이 지니는 가치평가 정보력과 수탁책임 정보력이 시계열적으로 안정적인 관계를 가지는지를 살펴보는 데 있다. 자본시장회계연구에서 논의되어 왔던 회계이익과 주가 사이의 관계(이익반응계수)에 대한 연구는 많이 수행되어 왔다. 그러나 이익반응계수와 회계이익의 수탁책임 역할과의 관련성에 대한 경제적 연결고리를 연구한 경우는 거의 없다. 본 연구에서는 회계이익의 기업가치평가 역할과 수탁책임 역할 사이의 경제적 연결고리를 추론하기 위하여 대리모형을 이용한다.

만약, 회계이익의 가치관련 정보력과 수탁책임 정보력 사이에 상호관련성이 없다면, 이익반응계수의 시계열 변화가 이익보상민감도의 시계열 변화를 의미하지 않는다. 본 연구의 목적을 수행하기 위하여 먼저 회계이익의 정보유용성에 대한 시계열 변화를 가치평가 정보력과 수탁책임 정보력으로 분리하여 확인하고자 한다. 또한 회계이익의 정보유용성이 시계열적으로 감소할 경우, 회계정보시스템의 어느 부분의 정보력 감소에 기인한 것인지를 분석한다. 이를 위하여 회계이익을 현금흐름과 총발생조정항목으로 구분한다.

회계이익의 가치평가 정보력과 수탁책임 정보력이 갖는 시계열 변화의 상대적 크기를 검증하기 위하여 2단계 회귀분석을 실시한다. 먼저 연도별 가치평가 정보력의 추정치와 수탁책임 정보력의 추정치를 구한 후, 각 추정치를 다시 연도로 회귀시켜 양자간의 크기를 비교 분석하고자 한다. 시계열분석에 이용되는 기간은 1980년부터 2000년까지이며, 최소 10년간의 자료를 이용할 수 있는 1991년 이전에 상장된 기업 중 266개를 무작위 추출하여 총 4,205개의 기업－연도 자료를 이용한다.

본 연구의 구성은, 제2장에서는 회계정보의 유용성에 대한 이론적 배경 및 선행연구들을 고찰하며, 제3장에서는 회계이익의 역할과 정보력 변화에 대하여 분석하였다. 제4장에서는 연구설계 및 분석모형을 설명하고, 제5장에서는 표본에 대한 기술통계와 연구모형을 실증분석한 결과를 살펴보고, 그리고 마지막 장에서는 본 연구의 함의와 한계점을 검토한 후 미래 연구과제에 대해 서술한다.

제2장 회계정보의 유용성

본 장에서는 회계이익의 정보유용성에 대한 이론적 배경을 살펴보고, 선행연구에서 논의된 회계정보의 역할을 기업가치 관련성과 수탁책임으로 분리하여 고찰하고자 한다. 또한 회계이익의 주요 구성요소인 현금흐름과 발생조정에 대한 선행연구를 개괄함으로써 연구목적에 적합한 이론적 토대를 검토하고자 한다.

2.1. 정보적 접근법에 의한 회계이익의 정보유용성

기업의 가치를 평가하기 위한 정보의 원천으로서 회계이익의 정보효과에 대한 논의는 자본시장회계의 주된 연구대상이었다. 즉 기업의 내재가치를 보여주는 재무정보는 회계라는 매개체를 통하여 투자자에게 전달되고 이 정보를 기초로 하여 투자자는 기업의 내재가치를 평가한다. 따라서 회계이익은 기업의 요약성과측정치로서 회계연구의 가장 중심적인 정보변수로 인식되고 있다.

기업가치를 평가하는 데 회계정보가 어떠한 역할을 하는가를 Beaver(1989)는 〈그림 2-1〉과 같이 설명하고 있다. 〈그림 2-1〉에서 첫 번째 가치평가 연결고리(valuation link)는 기업의 가치가 미래 배당능력에 따라 다르게 평가받으며 이들은 1 대 1의 대응관계가 있음을 의미한다. 두 번째는 정보적 연결고리(information link)로서 기업가치를 결정짓는 미래 배당능력은 관찰 불가능하므로 회계정보를 통하여 파악할 수 있음을 의미한다. 마지막으로 동시적 연결고리(contemporaneous link)가 의미하는 것은 만약 회계정보가 미래 배당지급능력을 파악하는 데 필요한 정보를 제공한다면, 즉 정보적 연결고리가 성립된다면 회계정보와 기업가치를 동시적으로 연결해 볼 수 있다는 점이다.

이러한 회계정보와 기업가치와의 관계는 규범적이라기보다는 실증적 문제에 해당한다.[2]

<그림 2-1> 회계정보와 기업가치의 관계

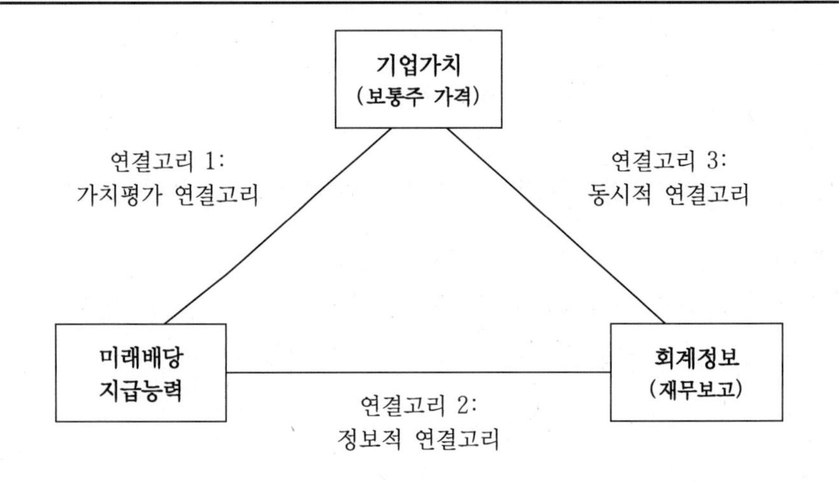

자료출처: 정혜영 외 4인 공저, 자본시장과 회계정보, 양영각출판(1993) p.19.

회계이익정보의 유용성에 관한 초기 연구는 두 가지 측면에서 전개되었다. 첫 번째는 회계기간(1년) 동안의 회계이익과 동일 기간의 주가 변화 간의 상관관계를 분석함으로써 이루어졌다. 이는 동시적 연결고리를 전제한 연구방법론으로 관련성 연구(association studies)이다. 두 번째는 회계이익의 공시시점에 발견되는 주가의 추가변화를 확인하는 방

---

2) 정혜영 외 4인 공저, 자본시장과 회계정보, 양영각(1993) p.20.

법이다. 이는 사건연구(event studies)로 관련성 연구와 더불어 회계학 연구에서 많이 사용하는 연구방법론 중 하나이다.

Ball과 Brown(1968), Beaver(1968) 등 다수의 초기 연구 문헌에서 다루어진 관련성 연구와 사건연구들의 연구결과, 회계이익이 정보내용을 지니고 있음을 시사해왔다.

그 후 회계이익과 주식수익률 간의 관계는 새로운 연구영역인 이익반응계수(earnings response coefficients; ERC)로 발전되었다. ERC는 1달러의 비기대 이익(earnings shocks)이 주식수익률에 미치는 영향으로 정의되며, 전형적으로 초과수익률을 비기대 이익에 회귀시켜 얻는 기울기 계수로 측정된다. 회계이익의 정보유용성은 어떤 사건이 이익유용성에 미치는 영향을 검토하는 것으로 ERC로 측정되며, ERC는 이익유용성의 척도로 사용된다.

ERC에 관한 연구들은 회계이익에 내포된 정보의 본질에 대한 통찰력을 제공하였다는 점에서 그 의의가 크다고 할 수 있다. 특히 ERC 결정요인 연구들을 통하여 이익지속성, 체계적 위험(β), 무위험 이자율, 성장성, 이익 예측가능성, 기업규모, 산업효과 등이 ERC의 결정요인으로 고려되는 변수임이 밝혀졌다.[3] 이 중 기업규모와 산업효과 등은 ERC에 영향을 미치는 직접적인 요인은 아니며, 다른 요인과의 관계를 통해 간접적으로 규명된다.

ERC 결정요인 중 이익지속성, 성장성, 이익 예측가능성 등이 ERC와 양(+)의 관련성이 있는 것으로 분석되었다. 특히 이익지속성은 당기 비기대 이익이 미래에 지속되는 정도와 미래 기대이익 변화에 미치는 영향의 크기로 정의되며, 많은 연구들에서 이익지속성은 ERC와 유의적

---

3) J. Y. Cho, and Kooyul Jung, "Earnings Response Coefficients: A Synthesis of Theory and Empirical Evidence," *Journal of Accounting Literature*, Vol.10. (1991) p.93.

인 양(+)의 관계가 있음을 일관되게 보고하고 있다(Kormendi와 Lipe, 1987; Easton과 Zmijewski, 1989a; Collins와 Kothari, 1989; Lipe, 1990 등). 그리고 이익 예측가능성은 과거이익으로 미래이익을 예측할 수 있는 능력으로 정의되며, 비기대 이익의 분산에 투영되어 나타난다. 즉 비기대 이익의 분산이 작으면, 이익 예측가능성은 커지고 회계이익정보는 미래이익예측에 더욱 유용할 것이다. 따라서 결과적으로 ERC가 커지게 될 것을 기대할 수 있다(Lipe, 1990).

그 외 체계적 위험과 무위험 이자율 등은 음(-)의 관련성을 보이는 것(Easton과 Zmijewski, 1989a; Collins와 Kothari, 1989)으로 나타났다.

2.1.1. 회계이익의 가치평가 정보력에 관한 연구

자본시장회계에서 논의된 회계이익의 정보효과는 기업의 가치관련성 측면에서 유의하다는 평가를 받고 있다. 즉 투자자가 기업의 내재가치를 평가하는 데 사용하는 주요 정보원천으로 회계이익을 사용하고 있다는 것이다. 따라서 회계이익은 기업의 요약성과측정치로서 회계연구의 가장 중심적인 정보변수로 인식되고 있다. 그러나 현대의 경영환경은 과거에 비해 기업의 가치에서 인적자산(human capital)과 무형자산이 차지하는 비중이 증가하였으며, 기술의 발전 정도는 예측하기 어려울 만큼 가속적이다. 이와 같은 회계환경으로 말미암아 미래 경영성과와 관련된 불확실성이 증가하게 되고, 이는 미래 현금흐름에 대한 회계이익의 상대적 신호-잡음의 비율(이익의 질)을 감소시키게 된다. 최근 들어 회계이익의 가치관련성이 비판받고 있는 것도 이러한 회계환경의 변화에 기인한다. 이 항에서는 회계이익의 가치평가 정보력에 대한 선행연구들 중에서 최근의 연구동향을 살펴보고자 한다.

Collins, Maydew 그리고 Weiss(1997; CMW)는 회계정보의 가치관련성이 시간이 지남에 따라 달라진다는 사실을 확인하였다. 이들은 1953년부터 1993년까지 미국기업을 대상으로 주가를 주당 순이익과 지분의 주당 장부가액으로 회귀시켜 얻은 결정계수(R^2)의 변화를 분석하였다. 연구결과, 지난 40년 동안 회계이익의 가치관련성은 감소하였으나, 장부가액의 가치관련성은 증가한 것으로 나타났다. CMW는 추가적인 분석을 통해서 회계이익의 가치관련성이 장부가액으로 이전되었다는 실증적인 증거를 제시하였다. 즉 분석대상 기업들이 시계열적으로 첫째, 비경상적 항목(nonrecurring items)의 발생빈도가 증가하였다. 둘째, 적자횟수가 늘어났으며 셋째, 규모가 작은 기업의 형태가 많아졌다. 그리고 기업가치에서 무형자산이 차지하는 비중이 늘어났다. CMW는 이와 같은 특징이 회계이익의 가치관련성을 시계열적으로 감소시킨 원인이라고 주장하였다.

Ely와 Waymire(1998)는 미국 회계기준 제정기구의 변천에 따라 회계이익의 가치관련성이 변화하였는지를 조사하였다. 즉 Committee on Accounting Procedure(CAP) 이전 기간(1927년부터 1938년까지), CAP기간(1939년부터 1959년까지), Accounting Principles Board(APB)기간(1960년부터 1973년까지), 그리고 Financial Accounting Standard Board(FASB)기간(1974년부터 1993년까지)의 기구개편에 따른 네 기간동안 회계이익의 가치관련성이 상이하게 나타났는지를 분석하였다. 실증분석 결과 회계기준 제정기구의 개편에 따라 가치관련성이 미미하나마 증가했다고 보고하였다.

Francis와 Schipper(1999)는 가치관련성을 2가지로 측정하였다. 먼저, 회계이익의 수준과 증감방향으로 수익률 변화추세를 살펴보았으며, 다음으로 회계이익과 지분의 장부가액 변화액을 기초로 헤지 포트폴리오(hedge portfolio)를 구성하여 수익률의 변화를 조사하였다. 검증결과 수익률은 1952년부터 1994년 연구기간 동안 하락한 것으로 나타났다. 회계이익 대신 현금흐름을 사용한 경우에는 수익률에 유의한 변화가 없었으며, 모형의 결정계수(R^2)는 회계이익의 경우 유의하게 감소하였다.

Lev와 Zarowin(1999)은 과거 20년 동안 투자자들이 사용한 여타 전체 정보에 비해 회계정보의 유용성이 저하되었다는 증거를 제시하였다. 이들은 주식가격(수익률)에 영향을 미치는 혁신, 경쟁정도, 규제완화, 기업전략 및 경제적 여건의 변화 등을 회계시스템이 적절히 반영하지 못하기 때문에 과거에 비해 이러한 현상이 심화되는 현재의 회계정보는 기업의 가치관련성 측면에서 괴리가 생길 수밖에 없다고 주장하였다. 1977년부터 1996년까지의 분석자료를 이용한 이 연구는 이익반응계수(earnings response coefficient)의 변화와 결정계수를 통해 무형자산 투자비중이 높을수록 가치관련성이 하락하는 것을 보여주었다.

국내의 연구로 한봉희(1998a)는 과거 15년(1981년부터 1995년까지)동안 국내 상장기업의 비적정 회계감사의견 비율이 꾸준히 감소추세에 있음을 확인하고, 같은 기간 동안 회계이익정보의 유용성이 향상되었는지를 실증적으로 고찰하였다. 그는 회계이익과 동시적인 주가변화와의 연도별 상관관계 추이를 두 가지 방법으로 검증하였다. 첫째, 초과주식수익률을 회계이익과 비기대 회계이익으로 회귀시킨 결정계수(R^2)를 측정한 후, 결정계수가 해가 거듭될수록 증가하였는지의 여부를 조사하였다. 둘째, 회계이익이 주가변화를 차별화시키는 정도가 매년 증가하였는지를 검증하였다. 주가변화의 차별화는 사전 비기대 회계이익정보를 이용하여 투자한 결과 얻을 수 있는 초과주식수익률로 측정하였다. 검증결과 회계이익정보의 유용성이 과거 15년의 연구기간 동안 저하되었으며 이러한 저하가 1987년에 급격하였음을 시사하였다. 회계이익정보의 유용성이 저하된 원인으로 첫째 부실회계감사의 만연에서 비롯된 회계정보의 신뢰성 저하, 둘째 이익지속성의 감소를 제시하고 있다.

손성규(1998)는 주가와 회계정보의 관련성에 횡단면적 차이가 존재하는지를 분석하였다. 횡단면적 차이를 측정하는 변수로 이익지속성, 체계적 위험, 성장성 및 기업의 규모를 사용하였다. 실증분석 결과 우리나라의 자료에는 시계열자료를 이용한 이익지속성을 제외하고는 추가적인 설명변수에 의한 횡단면적 차이가 발견되지 않았으며, 이는 수익률과 관련된 유일한 설명변수가 비기대 이익임을 의미한다. 그는 추가적인 변수의 횡단면적 차이가 없는 이유로 우리나라는 투자자의 속성이 대부분 장기투자자이기보다는 단기투자자 내지는 중기투자자인데 그 원인이 있음을 들고 있다. 즉 투자자의 속성상 미래 시점의 영업의 결과에 의한 기업가치의 평가보다는 현재의 영업의 결과가 상대적으로 더욱 중요하다. 지속성, 성장성 등은 현재의 영업의 결과 대비 미래의 영업의 결과에 대한 비율이므로 이러한 변수들은 단기 및 중기의 투자자들에게는 장기의 투자자에 비해 상대적으로 덜 중요하다. 따라서 성장이 실현되는 미래시점에, 현재 시점의 투자자들은 더 이상 이 기업의 투자자가 아닐 수 있으므로 미래가치는 현재가치로 전환되지 않는다.

송인만과 박철우(1998)는 1992년 주식시장의 개방 이후 우리나라 주식시장에서 회계정보의 기업가치결정 역할에 변화가 있었는지를 실증분석하였다. 그들은 주식시장 개방 이전 기간을 1989년부터 1990년까지로 설정하였으며, 주식시장 개방 이후 기간은 1992년부터 1993년까지로 설정하였다. 그리고 주식시장 개방 직전연도인 1991년도는 분석기간에서 제외시켰다. 왜냐하면 1991년 9월 이후에는 외국인 투자자들이 부수적으로 주식을 취득할 수 있었으며, 주식시장 개방에 대한 기대효과가 어느 정도 반영되었을 가능성이 있기 때문에 주식시장 개방의 순수한 효과를 포착할 수 없기 때문이다. 검증결과, 주식시장 개방 이후에 주가수준의 차별화 정도가 증대했으며 업종별로 주가변화의 동조화 현상은 감소되고 개별기업의 고유요인의 영향력이 상대적으로 증가한 것으로 밝혀졌다. 주가수준의 차별화 정도를 설명하는 요인으로서 기업의 순이익과 순자산장부가치 등 회계수치의 영향력이 전반적으로 증대했는데, 특히 개방 전에 비해 순자산장부가치의 영향력이 커진 것으로 나타났다. 또한 주식시장 개방 이후에 주가변화를 설명하는 변수로서 회계이익수준 및 회계이익변화의 설명력이 크게 향상된 것으로 나타났다.

추가분석에서는 주식시장 개방 직후(1992년부터 1993년까지)와 그 이후 기간(1994년부터 1995년까지)을 구분하였다. 주식시장 개방 이후 기간(1994년부터 1995년까지)의 경우 주가수익률에 대한 주당순이익과 주당순이익의 변화의 설명력이 개방 직후(1992년부터 1993년까지)보다는 낮아졌으며, 단지 개방 이전(1989년부터 1990년까지)보다는 높은 수준을 유지하고 있었다. 이들의 연구는 주식시장개방이라는 사건을 중심으로 그 전·후를 비교한 사건연구이다. 그러나 본 연구는 우리나라 주식시장의 생성 이후부터 최근까지 회계정보의 상대적 효율성에 시계열 변화가 있었는지에 대한 고찰이라는 점에서 송인만과 박철우(1998)의 논문과 구별된다.

2.1.2. 현금흐름과 발생조정의 증분 정보내용에 대한 연구

경영성과정보는 기업의 모든 이해관계자들의 의사결정에 중요한 변수로서, 전통적으로 회계이익이 사용되어 왔다. 그러나 이익은 개념과 측정절차에 내재된 문제점들로 인하여 성과척도로서의 현실적인 유용성이 의심받고 있다.4) 이에 대한 대안으로서 현금흐름은 현금주의회계의 경영성과척도로서 재무론에서 개발된 기업가치평가모형의 주요 정

---

4) 최상문, 김정교, 조용언, 중급회계, 무역경영사(2000) p.1204.

보변수로 널리 이용되고 있으며, 인위적인 조정과정을 거치지 않은 객관적인 측정치라는 찬사를 받고 있다. 그러나 경영성과에 대한 측정을 특정기간으로 한정할 경우 그 기간에 이루어진 현금유출의 결과물로 나타날 현금유입이 반드시 동일기간에 실현되지는 않으므로 그 기간의 순현금흐름이 반드시 기업의 경영성과라고는 볼 수 없으며, 또한 동일기간에 발생한 현금의 유입과 유출이 항상 인과관계를 갖지는 않는다. 그리고 현금흐름을 이용하여 경영자의 성과평가를 할 경우 단기적으로는 경영자가 현금유출입시기를 자신에게 유리하도록 선택하려는 유인을 가질 수 있으므로 기업가치를 극대화시킬 수 있는 의사결정을 포기할 수도 있다. 이러한 현금주의회계의 결함을 해결하기 위하여 발생주의 조정과정이 나타나게 되었다. 본 항에서는 회계이익과 현금흐름의 정보가치에 대한 선행연구에 대해 검토하고자 한다.

　Rayburn(1986)은 회계이익의 주요 구성요소인 현금흐름과 발생조정 중의 하나가 상대방에 대하여 증분 정보력을 가지는지를 검토함으로써 회계이익의 증분 정보내용의 발생원천을 확인하였다. Rayburn(1986)은 두 가지 연구모형을 설정하였는데, 첫 번째 회귀모형은 총발생조정과 현금흐름을 이용하였다. 두 번째 회귀모형에서는 총발생조정을 분해하여 감가상각비, 이연법인세의 변화, 그리고 유동발생항목의 증분 정보내용을 조사하고, 현금흐름에 대한 유동발생항목 및 비유동발생항목의 증분 정보내용을 살펴보았다. 시장모형을 이용한 Rayburn(1986)의 연구결과, 첫 번째 모형을 통해서는 현금흐름뿐만 아니라 발생조정 역시 주식가격의 변화성을 유의적으로 설명하는 것으로 나타났다. Rayburn(1986)은 회계시스템상에서 나타나는 발생조정과정은 현금흐름이 제공하지 못하는 증분 정보내용을 투자자들에게 제공하고 있다고 결론지었다. 그러나 두 번째 연구모형인 발생조정을 다시 세분화한 각 구성요소의 증분 정보내용 분석결과는 구성요소 간에 일관성을 보이지 않았다. 즉 발생조정을 유동과 비유동으로 구분하였을 경우, 유동발생항목은 증분 정보력이 존재하나 비유동발생항목의 증분 정보내용은 예측모형의 정의에 따라 다르게 나타남으로써 일관성이 없었다.

Dechow(1994)는 현금흐름의 정보력에 대한 발생주의 회계이익정보의 상대적 우월성을 입증함으로써 기업의 이해관계자들이 회계이익정보를 선호하는 이유를 설명하였다. Dechow(1994)는 현금흐름이 지니는 인식시기와 대응의 문제를 극복한 성과측정치가 회계이익임을 확인하고, 회계이익의 정보력이 현금흐름에 비해 상대적으로 클 조건을 다음과 같이 3가지로 제시하였다. 첫째, 성과측정기간이 짧을수록 주식수익률과 현금흐름 간의 관련성보다는 주식수익률과 회계이익의 관련성이 더 크다. 성과측정기간이 길어지면 현금흐름의 인식시기문제와 대응문제가 완화되므로 주식수익률과 현금흐름의 관련성의 향상 정도는 커질 것이다. 둘째, 투자 및 재무활동의 변화성과 필요 운전자본(working capital requirements)의 변화가 커질수록 주식수익률과 현금흐름 간의 관련성은 낮아지고 주식수익률과 회계이익의 관련성은 커질 것이다. 셋째, 기업의 영업순환주기(operating cycle)가 길수록 주식수익률과 회계이익의 관련성은 커질 것이다. 두 번째 조건과 세 번째 조건은 하나의 상황으로 설명이 가능하다. 영업순환주기가 긴 기업일수록 매출액에서 외상매출이 차지하는 비율이 커질 것이므로, 영업활동수준을 유지하기 위한 필요 운전자본의 변화액이 커질 것으로 예상할 수 있다. 따라서 영업순환주기의 길이가 운전자본 변화액을 결정하는 요인이 될 수 있다. 그런데 영업활동으로 인한 현금흐름에는 영업활동과 관련된 발생조정항목이 제외되어 있으므로 만일 발생조정항목이 현금흐름의 인식시기와 대응문제를 해결하는 순기능적 역할을 수행할 경우, 영업순환주기가 길어짐에 따라 현금흐름의 기업성과측정능력은 감소하게 될 것이다.

Dechow(1994)는 분석대상기간을 세 가지로 나누어 검증을 실시하였

다. 첫 번째 분석기간은 1980년부터 1989년까지로 총 19,733개의 기업 -
분기 자료를 사용하였다. 두 번째 분석기간은 1960년부터 1989년까지이
며 총 27,308개의 기업 - 연도 자료를 이용하였다. 그리고 세 번째로 사
용한 분석기간은 1964년부터 1989년까지이며 5,175개의 기업 - 4년 관측
치를 활용하였다. Dechow(1994)의 상대적 정보내용 검증을 위한 회귀
분석과 우도비검증의 결과는 다음과 같다. 첫째, 각 성과측정기간에 걸
쳐 이익이 현금흐름보다 주식수익률과 더 높은 상관관계를 보였다. 둘
째, 성과측정기간이 길어짐에 따라 주식수익률과 이익 간의 관련성에
비해 주식수익률과 현금흐름의 관련성의 향상 정도가 보다 컸다. 이는
성과측정기간이 길어질수록 현금흐름의 기업 성과측정능력의 향상 폭
이 회계이익의 측정능력 향상 정도에 비해 보다 더 큰 것을 의미한다.
셋째, 요구되는 운전자본의 변화와 투자 및 재무활동의 변화성이 큰 기
업일수록, 즉 발생항목의 절대적 크기가 클수록 회계이익이 주식수익률
과 높은 상관관계를 나타내었다. 넷째, 기업의 영업순환주기가 길수록
회계이익이 현금흐름에 비해 경영성과측정 능력이 보다 우수한 것으로
나타났다. Dechow(1994)는 현금흐름이 기업 성과척도로 적절하지 못한
경우에 발생조정을 거친 회계이익이 미래현금흐름을 보다 잘 반영한다
고 결론짓고 있다. Dechow(1994) 연구의 의의는 현금흐름의 상대적 정
보내용을 분석함에 있어서 회계이익과 현금흐름이라는 두 경영성과척
도 간 우월성의 차이에 관하여 통계적으로 신뢰 가능한 증거를 제시하
였다는 점이다. 이는 회계실무가 규범적 장치로 발생주의 회계제도를
답습하고 있으나, 실증적으로도 발생주의 회계이익이 정보유용성이 있
음을 확인하였다는 점에서 그 함의가 크다고 할 수 있다.

　최정호(1991)는 우리나라 기업의 미래현금흐름을 예측하기 위하여 이
용되는 두 종류의 정보인 발생주의에 의한 회계이익과 단순한 현금흐
름변수의 과거 실제금액 중에서 어느 정보가 예측력에 있어서 우월한

가를 실증적으로 검증하였다. 연구결과 회계이익과 현금흐름변수의 상대적 예측력 비교는 예측된 미래현금흐름의 정의 방식에 따라서 상이하게 나타났다. 즉 회계이익이 다른 현금흐름변수보다 예측력에 있어서 우월한 경우는 현금흐름을 투자활동을 감안한 후의 현금으로 정의하였을 때뿐이었다. 현금흐름을 다른 개념으로 정의한 경우에는 회계이익의 우월성은 발견되지 않았고, 오히려 회계이익보다 현금흐름변수가 상대적으로 우월하였다. 부수적으로 수행된 회계이익과 현금흐름변수 간의 상관관계에 대한 실증분석에서도 미래현금흐름의 정의 방법에 따라 상반된 두 가지 결론에 도달하였다. 현금흐름변수를 고정자산에 대한 상각비 등과 같은 비유동항목에 대한 조정항목(noncurrent accruals)만을 가산한 회계이익이나 영업활동으로 조달된 운전자본으로 정의하면 현금흐름변수와 회계이익의 상관관계는 매우 높았다. 반면 현금흐름변수를 비현금 유동항목에 대한 조정항목(current accruals)을 가감한 영업활동에서 조달된 현금흐름이나, 또는 투자활동에 의한 현금의 증감을 감안한 현금흐름으로 정의하면 이들 현금흐름변수와 회계이익의 상관관계는 낮은 것으로 나타났다. 이는 우리나라 기업에 있어서 회계이익에 고정자산상각 등과 같은 장기항목에 대한 조정만을 반영한 현금흐름변수와 회계이익은 미래현금흐름을 측정하는 데 대체적인 정보가 될 수 있음을 시사하고 있으며, 이러한 점은 각 변수의 상대적인 정보가치를 연구하는 데 있어서 충분히 고려되어야 할 것으로 주장하였다.

최관(1993)은 주식가격변화에 대한 회계이익과 현금흐름의 상대적 정보가치를 분석한 결과, 회계이익은 주식가격의 변화와 개별적으로 양(+)의 관계를 가지고 있고, 현금흐름이 주식가격을 설명하고 난 후의 주식가격에 대해서도 추가적인 정보효과가 있었다. 그리고 현금흐름도 회계이익이 주식가격의 변화를 설명한 후의 주식가격의 변화성에 대하여 추가적 정보를 제공하였다. 이러한 결과는 발생주의회계의 회계이익과 현금주의회계의 현금흐름은 각기 서로 공통적인 정보가치도 가지고 있지만 각자가 서로 다른 추가적인 정보가치도 가지고 있다는 것을 의미한다. 그러므로 회계이익과 현금흐름은 서로 대체적인 정보로서의 역할도 있지만 서로 보완적인 정보로서의 역할도 중요하다고 결론지을 수 있다. 그러나 그의 연구는 1988년부터 1991년까지라는 제한적인 연구기간 동안의 횡단면분석의 결과로 시계열 변화에 따른 회계이익과 현금흐름의 정보효과에 대해서도 일반화시켜서 해석할 수는 없다. 이에 반해 본 연구는 회계정보에 대한 시계열 변화에 분석의 초점을 두고 있으므로 회계이익의 정보내용에 대하여 보다 포괄적인 해석이 가능하다는 점에서 최관(1993)의 연구와 구별된다.

나종길(1997)은 주식수익률과 각 변수와의 사이에 각 변수의 일시성에 따른 비선형관계를 반영하는 회귀모형을 사용하여 회계이익과 현금흐름의 상호 추가적인 정보효과가 각 변수의 일시성에 따라 감소하는지를 검증하였다. 회계이익과 현금흐름은 그 일시성(transitoriness)에 따라 주식수익률에 대한 정보효과가 감소한다는 비선형관계가 존재하나, 일반적으로 회계이익 및 현금흐름의 주식수익률에 대한 관계가 선형임을 가정한 기존 연구의 한계를 벗어나 각 변수 간 일시성에 따른 비선형관계를 반영한 회귀모형을 사용한 것이 이 연구의 특징이다. 그는 초과수익률을 비기대회계이익과 비기대현금흐름에 회귀분석하는 방법과 함께 연도별 분석과 포트폴리오 분석을 병행하였다. 검증결과 회계이익과 현금흐름은 평균적으로 상호 추가적인 정보성을 가지고 있으며, 회계이익은 회계이익의 일시성에 따라서, 현금흐름은 현금흐름의 일시성에 따라 추가적인 정보효과가 감소하나 상대변수의 일시성에 따라서는 유의하게 변화하지 않았다. 또한 연도별 분석을 통해 현금흐름의 추가적 정보성이 연도별로 변화가 크다는 것을 보여주었다.

김정교(1998)는 이익의 현금흐름요소와 발생주의요소가 기업의 특성요인별로 시장에서 차별적인 평가를 받고 있는지를 분석하였다. 분석결과 첫째, 현금흐름은 증분 정보내용을 가짐으로써 발생주의 조정이 주가변화성에 대하여 제공할 수 있는 것 이상의 정보를 추가적으로 제공한다. 유동발생항목도 증분 정보내용을 가짐으로써 현금흐름과 비유동발생항목이 주가변화성에 대하여 제공할 수 있는 것 이상의 정보를 추가로 제공한다. 그러나 비유동발생항목은 증분 정보내용을 갖지 못하며, 따라서 현금흐름과 유동발생항목이 주가변화성에 대하여 제공할 수 있는 것 이상의 정보를 제공하지 못한다. 둘째, 시장은 현금흐름, 유동발생항목, 그리고 비유동발생항목을 모두 동일하게 평가하지 않는 것으로 볼 수 있다. 현금흐름과 유동발생항목은 시장에서 차별적인 평가를 받지 않으나, 현금흐름과 비유동발생항목, 유동발생항목과 비유동발생항목은 각각 시장에서 차별적 평가를 받는다. 셋째, 기업특성요인별 현금흐름과 발생항목에 대한 시장의 평가를 조사한 결과, 현금흐름 및 유동발생항목의 경우 대기업의 반응계수가 소기업의 반응계수에 비하여 더 높고, 비유동발생항목의 경우 대기업의 반응계수가 소기업의 반응계수에 비하여 더 낮으며, 양자 모두 반응계수의 차이가 통계적 유의성이 있는 것으로 나타났다. 따라서 기업규모가 이익구성요소의 반응계수의 결정요인으로 간주될 수 있다. 그런데 대기업의 경우 소기업과는 달리 비유동발생항목이 증분 정보내용을 가짐으로써 현금흐름과 유동발생항목에 대하여 상대적으로 정보가치를 증가시키는 것으로 시장에서 평가되고 있었다. 그리고 현금흐름에 대한 시장의 평가 및 유동발생항목에 대한 시장의 평가와 재무레버리지 간에는 각각 음(−)의 관련성이 존재하였다. 넷째, 기업특성요인별로 현금흐름과 발생항목에 대한 시장의 차별적 평가를 조사한 결과, 기업규모를 기준으로 구분한 두 개의 부분표본과 재무레버리지의 크기를 기준으로 분류한 두 개의 부분표본 모두 공통적으로 현금흐름과 유동발생항목의 경우 시장에서 차별적인 평가를 받지 않는 반면, 현금흐름과 비유동발생항목, 유동발생항목과 비유동발생항목의 경우 시장에서 상호간 차별적인 평가를 받는 것으로 나타났다.

최종서(1998)는 선행연구들에 비해 보다 분석적인 모형을 통하여 투명성 혹은 신뢰성이 결여된 회계정보는 자본시장에서의 유용성도 결여될 수밖에 없음을 보여주었다. 회계이익은 발생주의에 근거하여 산출되는 성과측정치이므로, 발생주의가 갖는 순기능과 역기능의 양면성을 원천적으로 내포하고 있다. 그는 투명성이 결여된 즉 발생조정이 비정상적으로 과다하게 수행될 경우(발생주의가 역기능으로서 작용할 경우) 자본시장에서 기간경영성과에 대한 대표적인 회계적 측정치인 회계이익의 구성요소들의 주식수익률에 대한 설명력이 감소하는지를 분석하였다. 이 연구에서는 2단계에 걸친 실증분석을 실시하였는데, 첫 번째 단계는 현금흐름과 발생조정의 상대적 정보가치를 분석하는 데 있어 두 변수의 주식수익률에 대한 설명력을 선형모형을 통하여 검증한다. 두 번째 단계는 재량적 발생조정의 고저를 상황변수로 도입하여 발생조정의 수준이 상이함에 따라 현금흐름 및 발생조정의 주식수익률에 대한 설명력이 어떻게 달라지는가를 검증한다. 연구분석결과, 재량적 발생조정이 높은 표본집단의 현금흐름 및 발생조정에 대한 반응계수는 재량적 발생조정이 낮은 집단의 그것에 비해 감소하는 현상을 관찰할 수 있었다. 또한 현금흐름변수는 대부분의 분석에 있어서 일관성 있게 주식수익률과 양(+)의 상관관계를 보여주었다. 발생조정변수의 경우 현금흐름에 비하여 정보가치가 떨어지나 대체로 주식수익률과 양의 관련성을 갖는 것으로 나타났다. 연도별 분석에 있어서는 발생조정을 조건부로 하는 현금흐름 및 발생조정의 정보가치가 연도별로 다소 변화하는 양상을 나타내었다. 그러나 평균적으로는 가설에서 예측하는 방향과 일치하는 부호들이 다수 관찰되어 과도한 재량적 발생조정은 현금흐름이나 발생조정의 정보력을 훼손시키는 경향이 있는 것으로 나타났다. 결론적으로 발생조정이 비정상적으로 과다하게 이루어질 경우 회계이익의 구성요소인 현금흐름 및 발생조정과 주식수익률 사이의 상관관계는 감소하는 것으로 나타났다. 이러한 결과는 발생조정이 역기능적인 역할을 할 경우 주식시장에서의 회계정보의 유용성은 저감될 수 있음을 시사하는 것으로 투자자를 비롯한 기업의 이해관계자들을 보호하기 위해서는 방만한 재량적 발생조정이 억제되는 방향으로 회계규제가 전개될 필요성이 있다고 주장하고 있다.

회계이익의 정보유용성 저하에 대한 추가적인 연구로 한봉희(1998b) 역시 기업의 발생주의적 조정을 기회적으로 이용하였을 가능성을 제시하고 있다. 그는 회계이익의 감소가 영업현금흐름과 발생에서 균등하게 이루어졌는지 그리고 회계이익의 정보유용성 저하가 영업현금흐름과 발생에서 균등하게 나타나는지를 살펴보았다. 비기대 영업현금흐름에 비해 상대적으로 비기대발생에 대한 초과수익률의 반응계수가 연도별로 감소하는 추이에 있는지를 회귀분석 하였다. 회귀식으로 추정한 주가반응계수는 변수측정오차(measurement error)의 문제로 인해 연도별로 큰 변이를 보일 수 있음에 대해 측정오차 변이를 평균화하여 검증력을 높이고자 하였다. 즉 연도별 회귀계수의 추이를 연속적으로 검증하는 대신 14년의 기간을 전반 7년과 후반 7년으로 나눈 후 그 두 기간 간의 평균 회귀계수의 차이로 검증하였다. 검증결과 영업현금흐름은 감소한 반면 발생 특히 비유동발생은 오히려 증가하였으며, 영업현금흐름에 비해 발생 특히 비유동발생의 주가반응의 저하가 현저하였음을 보이고 있다. 이는 기업이 영업현금흐름의 감소로 인한 회계이익의 감소를 보다 경감시킬 목적으로 발생조정을 이용하였을 가능성이 높음을 시사한다.

2.2. 대리모형과 회계정보

기업을 계약의 집합체(nexus of contracts)로 인식할 경우, 계약당사자 사이의 상충된 이해관계로 인해 대리문제(agency problem)가 발생하게 된다. 이러한 대리문제는 경영에 직접 참여하는 경영자가 기업의 이해관계자인 투자자나 채권자보다 더 많은 정보를 소유함(정보비대칭: information asymmetry)으로써 과소 혹은 과대투자의 문제로 나타난다. 뿐만 아니라 대리인인 경영자에게 동기부여를 하기 위한 인센티브비용, 감시통제비용, 그리고 잔여손실(대리인의 사적정보가 무비용으로 위임자에게 완전히 노출되는 경우 대리인의 최적 의사결정과 그렇지 않은 경우의 의사결정과의 차이가 초래할 위임자의 기대비용) 등과 같은 대리비용이 발생하는 문제가 있다.

대리모형은 위임자 – 대리인 관계(principal-agent relationship)의 설정을 분석적 도구로 사용하여 대리문제를 해결하기 위한 이론적 토대를 마련해 준다. 이러한 대리모형에서는 정보가 중요한 역할을 담당하게 되는데, 이는 정보가 위임자로 하여금 대리인의 행동을 추론할 수 있는 근거를 제시해 주기 때문이다. 대리모형에서 회계정보는 주주 – 경영자 혹은 최고경영자 – 부문경영자 간의 실행 가능한 고용계약을 체결하는 데 주요한 역할을 담당한다. 그리고 회계정보는 채권자 – 주주 간의 복합적 계약에 있어서도 활용된다.[5] 이처럼 회계이익은 기업을 둘러싼 다양한 형태의 계약체결(노동계약을 포함한)에 있어서 중요한 역할을 담당한다.

주주와 경영자 간의 정보비대칭 상황하에서 경영자 업적평가시스템

---

5) R. L. Watts, and J. L. Zimmerman, Positive Accounting Theory, Prentice Hall(1986) pp.191-211.

은 경영자의 성과평가와 경영자에 대한 동기부여라는 두 가지 경제적 효과를 달성하게 된다. 경영자의 업적평가를 위해 사용하는 지표가 주식수익률인 경우, 주주의 부가 곧 기업가치를 의미하므로 기업가치에 대한 공헌도를 시장에서 직접 평가하여 보상을 지급하는 것은 목표일치성차원에서 바람직한 지표가 된다. 그러나 주식시장에는 다양한 시장요인이 혼재하여 나타나므로 경영자의 행동이나 투입노력이 주식수익률과 직접적인 인과관계에 있다고 가정하는 것은 불합리하다. 잘못 설계된 업적평가시스템은 경영자를 통제할 수 없는 위험에 노출시켜 동기부여계획(incentive plan)이 경영자의 의사결정에 피드백(feedback)되지 못하게 한다.[6] 기업성과에 대한 객관적이고 상세한 정보의 획득가능성은 계약형성에 있어서 필요조건이다. 이러한 관점에서 회계정보의 객관성(objectivity)과 상세한 정보(detailed information)라는 속성이 고려될 수 있다. 상세한 정보는 경영성과의 효과적인 사후감시를 위해 요구되는 것으로 회계정보의 공시는 정보비대칭으로 야기되는 대리문제를 완화시키는 역할을 한다.[7]

이처럼 회계이익은 기업의 미래성과를 예측하는 정보뿐만 아니라 경영자가 어느 정도 수탁책임을 수행했는가를 사후 평가하는 역할도 담당하고 있다.

2.2.1. 대리이론(agency theory)에 의한 경영자 보상함수의 고찰

기본적인 대리모형에 의하면, 기업은 두 계약당사자인 위임자(the principal)와 대리인(the agent)으로 구성된다. 위임자의 역할은 자본을

---

6) 齋藤靜樹 저, 최상문, 박영병 공역, 기업회계 – 이익의 측정과 공시, 부산대학교 출판부(1988) p.200.
7) 이해영, 박찬정, 대리모형이론, 청주대학교 출판부(1990) p.80.

공급하고, 위험에 대한 책임을 지며, 유인보상계획을 설계하고 제시하는 반면, 대리인은 제시된 유인보상계획이 자신의 효용을 극대화시킬 수 있는지를 판단하여 경제적 의사결정을 수행하게 된다.

따라서 대리인이 위임자의 富를 증대시키기 위한 의사결정을 행하는 것이 대리인 자신에게 최선이 되는 보상시스템이 제시된다면 경우에 따라서는 대리인이 부가적으로 위험을 감내하기도 한다. 이러한 보상시스템은 대리인이 위임자가 달성하고자 하는 것과 일치하는 행동을 해야 약속된 보상을 받을 수 있음을 의미하기 때문에 유인일치조건(incentive compatibility constraints)이라 불린다.

위임자는 성과평가시스템을 설계하여 경영성과를 측정하게 되며, 이러한 성과측정치는 대리인의 보상과 직결된다. 위임자의 효용은 자신이 설계한 보상함수의 제약조건 하에서 최대화 문제로 해결할 수 있다. 즉 다음과 같은 수리적 형태를 통해 위임자 효용 극대화 모형을 설정할 수 있다.

목적함수 : 위임자의 기대효용 최대화

  (maximize the principal's expected utility)

제약조건 : 대리인의 시장참여조건

  (agent's acceptable utility constraints)

  대리인의 유인일치조건

  (agent's incentive compatibility constraints)

위임자의 효용은 경영성과(outcome; x)에서 대리인의 보상비용(s)을 차감한 순이익으로 정의한다. 즉 위임자의 효용함수는 $G[x\text{-}s]$로 정의된다. 또한 위임자는 보다 많은 富를 선호하는 것으로 가정하며($G' >$ 0), 위험회피형이거나 위험중립형을 가정한다($G'' \leq$ 0). 위험중립형의 위임자는 기업의 기대순이익이 곧 자신의 기대효용이 된다. 반면, 위험 회피형 위임자의 경우 순이익 분포의 적률(積率;moment)이 클수록 위임자의 효용에 미치는 영향이 크다.

경영성과(outcome)와 성과측정치(performance measures)는 모형의 외생변수에 의해 영향을 받게 된다. 여기서 경영성과와 성과측정치는 random variables로 대리인의 노력에 따라 영향을 받는 것으로 가정한다. 즉 대리인의 노력(action)이 주어질 때 경영성과 x와 성과측정치 y의 분포를 설명할 수 있으므로 $f(x, y \mid a)$로 나타낼 수 있다. 대리인의 숨겨진 노력은 자신의 사적정보(private information)이므로 대리인은 위임자에 비해 우월한 정보력을 갖게 된다.

보상함수를 선택함에 있어서 위임자는 대리인으로 하여금 수용가능한 기대보상을 제시하여야만 노동계약이 성립될 수 있다. 만약 대리인이 전혀 수용할 수 없는 보상함수를 제시한다면 대리인은 다른 경제주체와 협상하거나 차라리 노동시장을 이탈함으로서 자신의 비효용을 발생시키지 않는 방법을 선택하게 될 것이다. 이것이 위임자의 기대효용을 극대화하기 위해 만족시켜야 할 첫 번째 제약인 대리인의 시장참여조건이다.

두 번째 제약조건인 대리인의 유인일치조건은 선택된 보상계약과 대리인의 노력투입량과의 관계를 나타낸다. 시장참여조건이 일차적으로 성립되었다면 대리인이 노동계약을 체결할 의지가 있음을 의미한다. 주어진 보상계약하에서 대리인은 계약기간동안 투입할 노동(노력; action)의 크기를 선택하여 자신의 기대효용을 극대화시킬 수 있다.

대리인의 효용함수는 자신의 금전적 보상 s와 스스로 선택하게 될 투입노력 a로 정의할 수 있다. 이를 기호화하면 $H(s, a) = U(s) - V(a)$가 된다. 즉 대리인이 수령하게 될 금전적 보상으로 누리게 되는 효용(U(s))에서 투입노력에 따르는 비효용(V(a))을 차감한 순효용이 대리인의 기대효용이 될 것이다. 대리인의 경우 다른 조건이 동일하다면 개인적 비효용이 작게 발생하는 노동량을 선호하게 된다. 왜냐하면 투입노력(a)이 증가하면 금전적 보상의 기대치도 증가하게 되지만 투입노력에 수반되는 비효용도 그만큼 늘어나게 되므로 총기대보상이 반드시 증가하지는 않기 때문이다. 반면 위임자는 다른 조건이 동일하다면 대리인이 개인적 비효용이 크더라도 노력투입량을 많이 해주기를 바란다. 왜냐하면 대리인의 노력투입이 증가하면 경영성과의 기대치도 증가하게 되기 때문이다. 경영성과의 증가는 위임자 본인의 부의 증가와 동일한 방향성을 가지게 되므로 위임자는 경영성과의 증가를 보다 선호하게 된다. 그러나 대리인으로 하여금 보다 많은 투입노력을 선택하도록 유도하기 위한 보상의 기대값도 동시에 증가하게 된다.

이처럼 위임자와 대리인은 각자 자신의 기대효용을 극대화할 유인을 가지게 되므로 상호 이해관계가 상충(trade-off)될 가능성이 존재한다.

2.2.1.1. 최선해(first-best solution)의 달성

대리문제를 해결하는 최선해는 위임자와 대리인 쌍방이 신뢰관계를 구축하고 있을 때의 결과와 동일하다. 최선해를 도출하는 과정을 수학적으로 나타내면 다음과 같다.

$$\underset{s(x,y),\,a}{\text{maximize}} \int\int G[x-s(x,y)]f(x,y\mid a)dxdy \qquad (2\text{-}1)$$

$$\text{subject to} \quad \int\int U[s(x,y)]f(x,y\mid a)dxdy - V(a) \geq H \qquad (2\text{-}2)$$

즉 최선해의 달성은 대리인이 수용가능한 효용수준(H) 조건부 위임자의 기대효용을 최대화하는 대리인의 투입노력과 보상계약을 선택하면 된다. 대리인에 대한 시장참여조건만 만족 시켜준다면 대리인과 위임자간에 신뢰관계가 성립되어 있기 때문에, 즉 대리인이 정직하고 윤리적인 인간형으로 아무런 유인책이 없어도 위임자가 가장 선호하는 노력을 투입하게 된다. 또한 위임자도 경영성과에 상관없이 약정된 보상을 지급한다[8].

위의 수학적 모형에서 제약조건의 라그랑지 승수(Lagrange multiplier)를 λ라 하면, 최선해는 다음 식(2-3)의 풀이과정으로 설명할 수 있다.

$$\underset{s(x,\,y),\,a}{\text{maximize}} \quad \int\int G[x-s(x,y)]f(x,y\mid a)dxdy$$

$$+\lambda\Big\{\int\int U[s(x,y)]f(x,y\mid a)dxdy - V(a) - H\Big\}. \quad (2\text{-}3)$$

조건부 최적화 문제를 풀기 위한 효용극대화의 최적화 1계조건(the first-order condition)은 다음과 같다.

$$-G'[x-s(x,y)] + \lambda U'[s(x,y)] = 0$$

위의 최적화 1계조건(the first-order condition)을 정리하면 다음 식 (2-4)가 된다.

$$\frac{G'[x-s(x,y)]}{U'[s(x,y)]} = \lambda. \quad (2\text{-}4)$$

위 식(2-4)는 대리인의 보상이 위임자와 대리인의 한계효용의 비율에

---

8) 이러한 경우를 파레토 최적계약(pareto optimal contingent contract)이라고 한다.

의해 결정됨을 나타내고 있다. 즉 경영성과 x만이 노동계약에 사용되고 성과측정치 y는 노동계약에 사용되지 않는다면 최적위험분담계약은 대리인에게 라그랑지 승수(Lagrange multiplier)에 해당하는 고정급을 지급하는 것이 된다. 만약 위임자에게 경영성과인 x가 관찰 가능하다면 굳이 성과측정치(performance measures)를 부가적으로 노동계약에 사용할 필요가 없다.

위임자가 위험중립형이고, 대리인이 위험회피형이라면 최적고용계약을 만족하는 식은 다음과 같다.

$$\frac{1}{U'[s(x, y)]} = \lambda \tag{2-5}$$

위 식(2-5)는 위험에 대한 태도가 상이한 두 계약당사자간의 최적위험분담계약은 대리인에게 고정급(s(x,y)=k)을 지급하는 것을 의미한다. 즉 위험중립형인 위임자는 기업이 당면한 모든 위험에 대하여 책임을 지게 되는 반면, 위험을 싫어하는 대리인은 어떠한 위험에도 자신의 기대효용을 보장받게 된다.

그러나 두 계약당사자 사이에 상호 신뢰관계가 형성되어 있지 못한 경우 대리인이 위험회피형일 때는 두 가지 상황하에서 최선해가 달성될 수 있다. 첫째, 대리인이 파레토 최적계약이 달성될 수 있는 투입노력을 기울였을 때 고정급의 보상을 지급하면 된다. 둘째, 대리인의 투입노력이 파레토 최적계약 상태를 가져오지 못할 때는 벌칙(penalty)을 부과하면 된다. 이러한 두 가지 조건하에서는 언제나 최선해가 유도된다.

만약 대리인이 위험중립형인 경우라면 위임자에게 일정액을 지불하고 대리인이 기업을 매입하는 것이 최선의 해가 된다.

2.2.1.2. 차선해(second-best solution) : 경영성과(outcome)가 관찰 가능할 때

기본적인 대리모형에 의하면 대리인이 취하는 투입노력은 복잡하지 않은 것(single-dimensional action)으로 가정한다. 또한 대리인의 투입노력과 기업의 경영성과는 연속확률변수(a continuous random variable)로 가정한다. 그러므로 대리인의 투입노력이 주어질 때의 경영성과가 갖는 확률분포를 $f(x \mid a)$라는 조건부 함수의 형태로 정의 내릴 수 있다. 다른 조건이 동일하다면 대리인의 투입노력이 많으면 많을수록 보다 높은 경영성과를 기대할 수 있다. 즉 $f(x \mid a)$는 1차 확률지배의 원칙(First order Stochastic Dominance; FSD)이 적용된다. 그러나 대리인의 투입노력이 증가할수록 대리인이 지불하게 되는 개인적인 비효용도 증가하게 된다. 즉 대리인의 비효용은 투입노력에 대한 단조증가함수($V'(a)>0$) 이며, 투입노력이 증가할수록 대리인이 지불하게 되는 개인적인 비효용의 기울기도 상승($V''(a)>0$)하게 된다고 가정할 때, 위임자가 당면하게 되는 문제는 다음과 같이 나타낼 수 있다.

$$\underset{s(x),\, a}{\text{maximize}} \quad \int G[x - s(x)]f(x \mid a)dx \qquad (2\text{-}6)$$

$$\text{subject to} \quad \int U[s(x)]f(x \mid a)dx - V(a) \geq H \qquad (2\text{-}7)$$

$$a \ \text{maximizes} \int U[s(x)]f(x \mid a)dx - V(a). \qquad (2\text{-}8)$$

차선해는 최선해를 구하는 것과 마찬가지로, 대리인이 수용 가능한 범위의 기대효용 조건하에서 위임자 기대효용의 극대화문제를 풀어 가면 된다. 최선해와 차이가 있다면 식(2-8)의 조건이 추가되어 있다는 점이다. 즉 위임자의 기대효용이 최대가 될 계약조건하에서 대리인의 기대효용을 극대화시키는 투입노력이 채택될 조건이다[9]. 여기서 대리인의 노력에 대한 최적화 1계조건(the first-order condition)을 정리하면 다음 식(2-9)와 같다.

$$\int U[s(x)]f_a(x\mid a)dx - V'(a) = 0. \qquad (2\text{-}9)$$

두 가지 제약조건이 존재하는 위임자의 기대효용 극대화 모형에서 제약조건의 라그랑지 승수(Lagrange multiplier)를 λ와 μ라고 하면, 차선해는 다음 식(2-10)의 풀이과정으로 설명할 수 있다.

$$\underset{s(x),\,a}{\text{maximize}} \int G[x-s(x)]f(x\mid a)dx$$
$$+\lambda\Big\{\int U[s(x)]f(x\mid a)dx - V(a) - H\Big\}$$
$$+\mu\Big\{\int U[s(x)]f_a(x\mid a)dx - V'(a)\Big\}. \qquad (2\text{-}10)$$

위 식(2-10)이 최적 계약이 될 최적화 1계조건(the first-order condition)의 풀이결과는 다음과 같다.

$$-G'[x-s(x)]f(x\mid a) + \lambda U'[s(x)]f(x\mid a) + \mu U'[s(x)]f_a(x\mid a) = 0$$

위의 최적화 1계조건(the first-order condition)을 정리하면 다음 식(2-11)이 된다.

---

9) 제약조건 중 식(2-7)은 시장참여조건이며, 식(2-8)은 유인일치조건을 나타낸다.

$$\frac{G'[x-s(x)]}{U'[s(x)]} = \lambda + \mu \frac{f_a(x \mid a)}{f(x \mid a)} . \qquad (2\text{-}11)$$

위임자가 위험중립형이라면 식(2-11)은 식(2-12)와 같이 변형된다.

$$\frac{1}{U'[s(x)]} = \lambda + \mu \frac{f_a(x \mid a)}{f(x \mid a)} . \qquad (2\text{-}12)$$

μ는 대리인의 투입노력에 대한 잠재가격(shadow price)으로서 위임자가 바라는 대리인의 투입노력수준을 유도하기 위하여 대리인에게 기꺼이 지불해야할 금액이다. 유인일치조건을 나타내는 제약조건식 (2-8)이 구속적인 경우에(즉 라그랑지 승수 $\mu > 0$), 위임자는 대리인이 열심히 일하도록 적합한 유인(incentive)을 제공하기 위하여 대리인에게 위험의 일부를 부담시키기 때문에 준최적보상계약이 된다. 이는 위임자가 대리인의 투입노력을 유도하기 위해 추가비용을 지불해야함을 의미한다.

2.2.2. 회계이익의 수탁책임 정보력에 관한 연구

기업의 수탁관리 측면(stewardship function)에서 주주의 관심은 경영자의 기업가치증대에 대한 공헌도 즉 경영자 업적평가에 있다. 경영자 업적평가에 목표일치성을 유도하기 위해서는 회계이익에 비해 주식가격이 보다 적합하다. 그럼에도 불구하고 상여금계약에 주식가격 이외에 회계이익이 계약변수로 사용되는 이유는 다음과 같다. 첫째, 기업가치는 경영자의 투입노력의 결과가 반영되지만 반드시 그 인과관계가 성립하지는 않는다.10) 따라서 기업가치를 평가하는 것과 경영자의 수탁정보력을 평가하는 과정은 엄밀한 의미해서 구별지을 필요가 있기 때문에 주식가격에 추가하여 회계이익을 경영자 보상계약에 사용한다. 주식가격은 회계이익을 포함한 기업가치와 관련된 모든 변수의 정보를 반영하고 있지만 경영자의 다차원적 직무에 대한 효율적 유인을 제공하지 못한다는 단점이 있다. 즉 기업가치평가에 영향을 미치는 많은 요인들이 경영자의 기업가치 증대에 대한 공헌도를 측정하지 못하고 있다는 점이 회계이익이 노동계약의 효율성을 높이는 데 유용하다는 것을 함축한다. 둘째, 회계이익이 경영자보상에 사용되는 이유는 회계측정치를 사용함으로써 얻을 위험분담효과이다(Sloan 1993). 회계이익은 주식가격에 비해 거시경제적 충격이나 이자율 변화 등 상대적으로 경영자가 통제 불가능한 요소에 의해 영향을 적게 받는다. 즉 회계이익이 기업가치에 대한 불완전한 측정치이지만 기업가치에 영향을 미치는 통제 불가능한 요인의 영향으로부터 경영자를 보호하는 역할을 할 수 있기 때문에 회계정보가 계약정보로서의 가치를 갖게 된다. 이처럼 회계이익이 경영자보상에서 어떻게 사용되는지에 대한 선행연구를 살펴보면 다음과 같다.

Lambert와 Larcker(LL; 1987)의 논문은 경영자보상에서 회계이익과 주식수익률이 어떻게 사용되는지에 대한 가장 기본적인 연구 중 하나이다. LL은 경영자 보상계약에 사용되는 성과측정치인 회계성과측정치(자기자본 경상이익률)와 시장성과측정치(주식가격)는 경영자의 투입노력에 대한 신호-잡음 비율(signal-to-noise ratio)의 크기에 의존할 것이라고 주장하였다. 즉 성과측정치의 잡음(noise)이 증가하는 변수의

---

10) 기업가치는 과거 또는 현재의 경영자 의사결정이 현재 또는 미래의 경영성과에 투영되어 나타나는 결과물(output)이기도 하지만, 거시경제적 요인이 모두 반영되어 산출되므로 기업가치를 평가하는 것과 경영자의 투입노력을 평가하는 과정은 별개의 문제이다.

가중치는 작아지고, 성과측정치에 내재된 경영자의 투입노력에 대한 정보력(signal)이 증가하는 변수의 보상가중치는 커진다는 것이다. LL은 경영자 현금보상만을 보상변수로 채택하였으며, 주식관련 보상의 변화는 포함시키지 않았다. 표본은 1970년부터 1973년 동안 경영자가 소유한 지분의 시장가치를 구할 수 있는 기업으로, 연구기간 1970년부터 1984년까지의 370개 기업을 선정하였다.

LL은 경영자 보상함수에 사용되는 회계성과측정치보다 시장성과측정치의 가중치가 보다 클 조건을 4가지로 구분하였다. 첫째, 회계이익의 시계열 분산이 주식수익률의 시계열 분산보다 큰 경우 주식수익률의 가중치가 보다 더 크다. 왜냐하면 신호-잡음 비율이 큰 변수는 상대적 정보력이 작기 때문에 경영자보상에 있어서 회계이익의 상대적 가중치는 감소할 수밖에 없기 때문이다. 둘째, 자산 대비 매출액 성장률이 큰 기업일수록 주식수익률의 가중치가 더 크다. 성장성이 큰 기업은 경영자 투입노력의 결과가 단기간보다는 다기간에 걸쳐 나타난다. 이러한 경우 회계이익은 경영자의 장기의사결정의 결과를 반영하기 어렵지만, 주식수익률은 미래현금흐름을 반영하기 때문에 경영자의 장기의사결정에 의한 결과의 기대치를 현재의 가격에 반영한다. 따라서 보상함수에 사용되는 회계측정치보다 주식수익률의 상대적 가중치가 증가하게 된다. 셋째, 경영자의 보유지분율이 낮을수록 주식수익률의 가중치가 보다 더 크다. 경영자의 지분율이 높은 경우에 주식수익률에 대한 가중치를 높이게 되면 경영자의 위험부담이 너무 크게 된다. 따라서 위험분담의 측면에서 주식수익률의 가중치를 감소시키고 회계이익의 상대적 가중치를 높이게 된다. 넷째, 회계이익과 주식수익률의 상관관계가 높을 경우에는 회계이익이 제공하는 정보의 가치가 감소하므로 주식수익률의 상대적 가중치가 보다 커지게 된다. 실증분석 결과 신호-잡음의 비율이 증가하면 성과측정치에 대한 가중치는 증가하고, 성과측정치의 잡음이 증가하면 가중치는 감소하였다.

Adams(1987)도 LL(1987)과 유사한 연구결과를 제시하였다. 그는 경영자 보상계약에서 시장 성과측정치의 가중치가 보다 클 조건으로 다음의 3가지를 열거하고 있다. 첫째, 성과측정치의 잡음관련 대용치로 회계이익의 시계열 분산이 주식수익률의 시계열 분산보다 클수록 경영자의 현금보상은 주식성과측정치에 보다 민감할 것이다. 둘째, 지분의 시장가치 대 장부가치의 비율이 높을수록 주식수익률의 가중치가 증가할 것이다. 셋째, 경영자 보유 지분율이 낮을수록 주식수익률의 상대적 가중치가 클 것이다.

LL(1987), Adams(1987) 등의 연구에서는 회계이익이 주식수익률보다 잡음이 적다면 경영자보상에서 유용할 것이라는 점 이외에 주가에 기초한 성과측정치에 부가적으로 사용된 회계 성과측정치의 역할이 무엇인지는 보여주지 못하였다.

그에 반해 Sloan(1993)은 회계이익이 경영자 보상계약에 주식수익률 외의 추가적 변수로 사용되는 원인을 고찰하였다. 경영자보상에 사용되는 회계이익이 개별 기업의 주식수익률의 변화로부터 경영자를 보호하는 위험분담역할이 있는지를 분석하였다. Sloan(1993)은 주식수익률에는 경영자의 노력과 무관한 거시경제적 환경요인이 포함되어 있으므로, 회계이익을 추가로 보상함수에 사용하는 것이 유인(incentive) 효과를 증대할 수 있을 것이라는 기대에서 분석을 실시하였다. 분석자료는 1970년부터 1988년까지 538개의 기업을 대상으로 경영자 보상계약에서 위험분담효과에 초점을 두고 회계이익의 역할을 분석하였다. Sloan(1993)은 성과측정치의 분산과 성과측정치에 내재된 잡음의 분산을 구분하였으며, 연구결과 회계이익의 사용목적을 두 가지로 요약하였다. 첫째, 주식가격 이외에 회계이익을 경영자 보상계약에 사용하면, 주식가격의 시장요인으로 야기되는 경영자의 보상위험을 감소시킬 수 있다. Sloan(1993)의 분석자료에 의하면 주식수익률의 연간 분산의 1/3 정도가 시장 변화성과 연계되었으며, 회계이익은 상대적으로 시장요인과의 관련성이 적었다. 즉 회계이익은 기업의 비체계적 가치변화를 많이 반영하고, 시장에서 결정된 지분가치 변화에 대한 민감도가 작기 때문에 회계이익을 보상계약에 사용하면 통제 불가능한 기업가치의 변화위험을 경감시킬 수 있다.[11] 이는 회계이익이 주식가격에 비해 경영자의 통제 가능성이 보다 크다는 것을 의미한다. 둘째, 회계이익은 주식가격이 제공하는 유인효과 이외에 추가적인 유인을 제공할 목적으로 사용된다. 즉 회계이익은 경영자의 투입노력에 대한 주식가격의 정보력 이외의 증분 정보력을 갖기 때문에 경영자보상에 사용된다.

Kim과 Suh(KS; 1993)는 성과측정치로서 주식가격 이외에 회계이익을 추가로 사용하게 되면, 경영자의 노력을 배분하는 데 있어서 주식가격의 비효율성이 어떻게 완화되는지 조사하였다. 그들은 경영자 보상함수에 사용되는 회계이익의 역할을 두 가지 측면 즉, 기업가치증가에 대한 경영자의 공헌도를 측정하는 역할과 위험분담역할을 중심으로 분석하였다. KS는 일반적인 대리이론과는 달리 주주가 위험회피적인 상황에서 주주와 경영자 간의 위험분담효과에 초점을 두고 주식가격과 회계이익의 상대적 가중치를 분석하였다. 위험회피적인 주주가 거래위험(trading risk)의 일부를 경영자와 분담할 목적으로 주식가격을 경영자의 보상함수에 사용하지만, 주식가격에는 경영자가 통제할 수 없는 다양한 시장요인이 포함되어 있기 때문에 경영자에게 동기부여를 하기 위한 목적으로 주식가격과 함께 회계이익도 경영자 보상계약에 사용될 수 있다. 이러한 가정하에서 KS는 여과된 주식가격(filtered price)과 회계이익의 상대적 가중치는 위험분담과 유인(incentive) 간의 상충관계(trade-off)에 따라

---

11) 주식가격변화를 시장의 체계적 요인에 의한 변화와 기업 고유의 비체계적 요인에 의한 변화로 나눌 경우, 회계이익은 시장의 체계적 변화보다 기업 고유의 비체계적 변화를 보다 많이 반영한다.

결정됨을 증명하였다. 여과된 주식가격(filtered price)이란 주식가격의 정보력과 회계이익의 정보력을 정확하게 비교하기 위한 과정에서 유도되는데 주식가격의 정보력에서 회계이익의 정보력을 걸러낸 정보력을 뜻한다. 즉 주식가격의 정보력은 회계이익의 정보력과 그 외의 정보력으로 구성되어 있기 때문에 경영자 보상계약에 사용되는 주식가격의 보상민감도는 회계이익의 보상민감도에 비해 상대적으로 과장되어 있다. 따라서 여과된 주식가격과 회계이익의 상대적 계수를 이용해야 한다는 것이 그들의 주장이다.

Bushman과 Indjejikian(BI; 1993)은 대부분의 실증연구가 경영자 보상계약에 사용되는 회계이익과 주식가격에 부여되는 상대적 가중치의 결정요인에 초점을 맞추고 있는 데 반해, 회계이익의 정보내용에 관심을 두고 연구모형을 설계하였다. BI는 회계이익의 정보내용이 변화하면 회계이익과 주식가격에 부여되는 상대적 가중치도 변화하는가를 조사하기 위하여, 회계이익의 정보내용에 대하여 두 가지 가정을 설정하였다. 첫 번째 가정은 회계이익이 주식가격결정에 사용되는 투자자의 사적정보와 동일한 정보를 제공하는 경우를 설정하였다. 두 번째 가정은 회계이익이 투자자의 사적정보 중 일부분만을 포함하는 경우를 설정하였다. 특히 BI연구의 특징은 주식가격이 합리적 기대가설하의 대리모형에서 내생적(endogenous)으로 결정되는 경우에 회계이익의 역할을 분석하였다는 것이다. 이러한 균형주가의 내생성하에서는 주식가격에 회계이익정보가 반영되어 있음에도 불구하고, 회계이익은 독립적인 성과측정치로서 유용하다. 왜냐하면 균형주가는 투자자들이 기업을 평가함으로써 달성되는 것이지 계약체결목적으로 별도로 설계되는 것이 아니기 때문이다. 따라서 회계이익은 경영자 업적측정치로서 계약체결변수가 될 수 있다. 그러나 내생적 주식가격은 경영자의 행동이 단일행동모형(single-action setting)일 때는 적합하나, 경영자의 행동이 다차원적

(multi-task)일 때에는 균형 있는 유인(balance of incentives)을 제공하지 못한다.

BI가 설정한 첫 번째 가정에서의 회계이익은 단순히 비결과 관련 잡음(non-output related noise)을 여과하는 역할을 수행한다. 그러나 그들이 설정한 두 번째 가정에서 회계이익의 역할은 확대된다. 즉 비결과 관련 잡음을 여과하는 역할 이외에 경영자의 다차원적 직무에 대한 균형 있는 유인이 유도되며, 경영자가 통제 불가능한 결과 관련 잡음(output risk)을 여과하는 역할을 한다. 연구결과에 의하면 경영자보상에 사용되는 회계이익과 주식가격의 가중치는 두 변수의 신호와 잡음의 분산 간의 상대적 비율에 의해서 결정되나, 가중치의 크기는 모형에서 내생적으로 결정된다. 또한 경영자가 수행할 직무가 다차원적이기 때문에 그에 따른 유인을 제공하기 위한 계약은 단일 행동을 가정한 대리모형에서의 보상과는 다르다는 점을 강조하고 있다. BI연구의 주된 관점은 경영자보상에 사용되는 계약체결변수로서 회계이익의 역할을 조사하고자 한 데 있다는 것이다.

국내의 경영자보상관련 연구는 1990년대로 접어들면서 본격적으로 수행되었다고 해도 과언이 아니다. 선구적인 연구로 황인태(1995)를 들 수 있다. 황인태(1995)는 1991년부터 1993년까지 362개의 상장기업을 대상으로 경영자보상과 기업성과와의 관련성을 검증하였다. 그는 기업의 규모가 클수록 경영자가 수행하는 직무는 복잡해지며, 이러한 직무복잡성(job complexity)이 기업규모와 경영자보상 간의 관련성을 높이는 원인이 된다고 주장하였다. 뿐만 아니라 경영자의 노동시장은 산업별로 분리되어 있기 때문에 경영자의 보상은 각 기업이 속한 산업에 의해 영향을 받게 된다. 그러므로 산업효과를 통제하기 위하여 각 산업에 속한 기업의 총임원급여와 동종산업의 평균임원급여를 통제변수로 사용하였다. 실증분석 결과에 의하면 경영자의 총급여와 1인당 평균급여 수준은 기업의 규모와 수익성 수준과 유의적인 양(+)의 관계를 보여주었다. 그리고 동종산업의 평균임원급여수준도 경영자의 급여수준에 유의적인 영향을 미치는 것으로 나타났다. 그러나 계량경제학적인 문제로 인하여 종속변수와 독립변수를 수준(level)으로 표시하였을 경우에는 신뢰성 있는 결론을 유도하지 못했다. 이러한 계량경제학적인 문제들은 종속변수와 독립변수를 각각 1차 차분(first difference)하여 사용함으로써 상당부분 완화시킬 수 있었다. 1차 차분을 이용하여 측정한 변수를 사용한 경우에도 기업의 규모와 수익성 그리고 산업평균급여증가율은 경영자보상증가율에 유의적인 영향을 미치는 것으로 보고하고 있다. 그러나 황인태(1995)의 연구에서 설정한 연구모형의 한계점은 이론적인 측면이나 현실적인 측면에서 기업가치의 변화를 잘 반영하고 있는 시장 성과측정치(주식가격)를 고려하지 않았다는 점이다. 경영자보상관련 선행연구에서 나타나듯이 보상함수의 종속변수로는 주식관련보상을 제외한 현금보상만을 사용할 수 있지만,[12] 독립변수로 기업규모와 회계성과측정치만을 사용한 보상함수의 회귀계수를 그대로 해석하기에는 무리가 따른다고 여겨진다. 왜냐하면 경영자의 보상함수에는 주식수익률이라는 시장성과측정치도 사용되기 때문에 독립변수로 기업규모와 회계성과측정치만을 사용한다는 것은 누락변수(omitted variable) 문제가 발생할 수 있기 때문이다.

---

12) 선행연구에서 현금보상변수를 사용하는 이유는 두 가지로 요약된다. 첫째는 현금보상의 자료수집이 상대적으로 용이하고 총보상에서 현금보상이 차지하는 비율이 상대적으로 높기 때문이다. 그러나 최근 들어 주식관련 보상이 명시적으로 공시되고, 보상에서 차지하는 비율도 무시하지 못하는 정도가 되어 앞으로의 연구에는 반드시 포함이 되어야 할 것이다. 둘째로는 현금보상에 미치는 회계이익의 영향력이 주식가격에 비해 상대적으로 크기 때문에 회계이익의 정보력을 검증할 목적에서 현금보상이 사용된다.

지성권 외(1998)는 기업문화와 종업원의 윤리가치 등 유사한 유교문화권에 속해 있는 한국과 일본의 경영자보상이 갖는 특질을 미국의 선행연구에서 얻어진 결과와 비교하였다. 일본 경영자보상과 한국 경영자보상의 설명요인 중 가장 중요한 차이는 한국의 경우 자기자본 경상이익률과 같은 회계성과측정치가 임원 일인당 평균보상과 양(+)의 유의적인 상관관계가 있는 데 반해 일본의 경우, 회계이익 측정치가 아니라 당기 전기의 매출액, 당기 및 전기의 주식수익률 등이 임원 일인당 보상과 양(+)의 유의적인 상과관계가 있는 것으로 나타났다. 즉 회계이익 성과측정치가 경영자보상을 설명하지 못하고 있는 것이 일본 자료를 분석한 주요 결과였다.

투자기회집합(기업의 성장성)과 경영자보상 간의 관계에 대한 분석결과도 미국의 분석결과와는 대조적으로 선행연구에서 사용된 설명변수들 일부는 한국과 일본 경영자의 보상에 설명력이 없는 것으로 나타났다. 분석결과에 의하면 성장률이 높은 일본 기업의 임원평균보상 수준은 자기자본 당기순이익률 및 경상이익률이 증가할수록 증가하는 것으로, 임원평균보상 증가율은 매출액 증가율 및 자기자본 당기순이익률 및 자기자본 경상이익률이 증가할수록 증가하는 것으로 나타났다. 이에 비해 일본의 저성장 기업의 임원평균보상 수준은 자기자본 투자수익률 및 주식수익률과는 상관관계가 없는 것으로 분석되었다. 그러나 매출액 증가율은 임원평균보상 증가율을 증가시키는 것으로 나타났다. 그들은 일본의 경우 임원평균보상의 증가율은 채택된 경영성과변수와 아무런 상관관계가 없는 것으로, 그리고 성장률이 높은 한국 기업의 임원평균보상 수준 및 보상 증가율을 설명할 수 있는 성과변수는 없는 것으로 결론짓고 있다. 저성장 기업의 결과도 고성장 기업의 결과와 유사하였다. 이 연구는 경영자보상과 기업의 성과 간의 관계가 어떤지를 국제 간 비교를 통해 증거를 제시하였다는 점에서 그 의의가 있다고 할 수 있다.

　서민정(2001)은 경영자보상에 계약변수로 사용되는 회계이익을 영업현금흐름과 발생조정으로 분리하여 이용하는 것이 정보의 효율성 측면에서 보다 효과적인지를 분석하였다. 특히 IMF라는 회계환경의 변화에 있어 경영자보상에 사용되는 회계정보의 유용성이 어떻게 변화하였는지를 살펴보았다. 분석결과 보상계약에 사용되는 회계이익은 영업현금흐름과 발생조정으로 분리하는 것이 별다른 정보효과를 주지 못하는 것으로 나타났다. 즉 회계이익의 개별 구성요소들이 지니는 차별적인 정보력이 미미하여 경영자보상을 결정함에 있어서 회계이익을 영업현금흐름과 비재량적 발생항목, 재량적 발생항목으로 분해하는 것은 큰 의미가 없는 것으로 나타났다. 그리고 IMF 전후를 비교한 결과는 IMF 이전에는 회계이익의 분해효과가 없었으나, IMF 이후에는 영업현금흐름과 비재량적 발생항목의 변화가 경영자보상의 변화와 양(+)의 상관관계를 보였지만 유의적인 수준은 아니었다.

제3장 회계이익의 역할과 정보력 변화

본 장에서는 제2장에서 논의한 이론적 배경을 바탕으로 회계이익의 두 가지 역할, 즉 가치평가 정보력과 수탁책임 정보력 간의 관련성을 추론하고자 한다. 그리고 회계정보의 시계열 추세와 회계이익의 구성요소 간 시계열 변화, 비기대 보상의 역할에 관해 설명한다.

3.1. 회계정보의 수탁책임정보력과 가치관련성의 관계

본 절에서는 대리이론의 틀 속에서 보상-이익 민감도(compensation earnings response coefficient; 이하 CERC[13]) 즉 수탁책임 정보력과 기업가치-이익 관련성(value-earnings sensitivity) 사이에 어떠한 관계가 있는지를 분석하고자 한다. 회계정보가 가치평가결정 및 경영자의 업적평가와 보상결정에 정보력이 있음은 주지의 사실이나 이 두 가지 목적에 사용되는 회계이익 간의 직접적인 관계는 잘 알려져 있지 않다.

경영자의 투입노력에 대한 경영성과는 다기간에 걸쳐 나타나므로 당기 회계이익에는 그 일부분만 반영된다. 따라서 당기 회계이익을 경영자의 당기투입노력의 결과로만 해석할 수는 없다. 뿐만 아니라 이익에 대한 보상의 가중치 역시 이익반응계수(earning response coefficient; ERC)의 결정요인인 이익지속성에 따라 영향을 받게 된다.

---

13) R. Bushman., E. Engel, J. Milliron and A. Smith, "An Empirical Investigation of Trends in the Absolute and Relative Use of Earnings In Determining CEO Cash Compensation," Working paper, (1998) p.1.

　본 연구의 주된 목적 중 하나는 기업가치를 결정짓는 경영성과로서의 회계이익과 경영자 보상결정에 이용되는 회계이익 사이의 관련성을 규명하는 것이다. 이러한 회계이익의 두 가지 역할 간 상호관련성을 증명하기 위하여 대리이론의 기본 틀 속에서 다음과 같이 가정한다.[14]

　위임자(주주)는 위험에 대한 성향이 중립적이나, 대리인(경영자)은 위험 회피적이며, 절대적 위험회피계수(coefficient of absolute risk aversion) r을 갖는 음의 지수효용함수를 가진다. 그리고 대리인이 투입하는 경영투입노력의 유형은 두 가지 형태로 정의한다. 첫째, 당기이익에 영향을 미치는 경영투입노력(e_1)과 둘째, 전략적 경영의사결정과 같이 기업가치에는 영향을 미치나 그 결과가 미래에 나타나는 경영투입노력(e_2)으로 구분 짓는다. 이러한 전제조건하에서 경영노력의 기회비용을 나타내는 함수는 두 가지 투입노력의 선형함수라고 가정하기로 한다.

$$경영노력의 기회비용 = 0.5C_1e_1^2 + 0.5C_2e_2^2$$

　위 식에서,

e_1: 당기이익에 영향을 미치는 경영투입노력

e_2: 미래성과에 영향을 미치는 경영투입노력

C_1: e_1의 한계비용

C_2: e_2의 한계비용을 뜻한다.

　기업의 가치가 회계정보와 그 외 성과정보로 요약된다면, 기업가치는 식 (3-1)로 정의할 수 있다. 그리고 기업가치를 결정짓는 회계정보와

---

14) 본 연구는 Bushman 외(working paper; 1998)의 연구에서 사용한 분석적 틀을 이용하여 최적 성과-보상민감도를 직접 도출하였다. 증명 과정은 본문에서 설명한다.

그 외 성과정보는 각각 식 (3-2)와 식 (3-3)으로 정의한다.

$$\widetilde{V} = ERC \times earn + b \times s \qquad\qquad \cdots\cdots (3\text{-}1)$$
$$earn = fe_1 + \widetilde{\varepsilon} \qquad\qquad \cdots\cdots (3\text{-}2)$$
$$s = ge_2 + \widetilde{\delta} \qquad\qquad \cdots\cdots (3\text{-}3)$$

위 식에서,

$\widetilde{V}$: 기업가치

$earn$: 회계이익

s: 기타 기업가치 관련 정보

f: e_1의 한계생산성, 회계정보의 가중치

g: e_2의 한계생산성, 기타 성과정보의 가중치

잔차항은 각각 $\widetilde{\varepsilon} \sim N(0, \sigma_\varepsilon^2)$, $\widetilde{\delta} \sim N(0, \sigma_\delta^2)$인 정규분포를 이룬다.

식 (3-1)에서 회계정보는 첫 번째 경영투입노력의 함수($earn = fe_1 + \widetilde{\varepsilon}$)로 표현할 수 있고, 그 외 성과정보는 두 번째 경영투입노력의 함수($s = ge_2 + \widetilde{\delta}$)로 나타낼 수 있다. 여기서 f는 당기 회계이익에 영향을 미치는 노력의 한계생산성을, g는 미래 경영성과에 영향을 미치는 노력의 한계생산성을 의미한다.

ERC는 당기 회계이익이 기업가치로 자본화되는 영향력의 크기를 측정하며 이는 e_1이 기업가치에 미치는 영향력으로 해석할 수 있다. 마찬가지로 b는 당기 투입노력 중 당기이익에는 영향을 미치지 않으나 기업가치로는 자본화되는 계수로서 e_2가 기업가치에 미치는 영향력으로 이해할 수 있다. 그러나 기업가치는 사전적으로는 관찰 불가능한 정보이므로 노동계약에 직접 사용될 수 없다. 따라서 위임자는 결국 불완전한 성과측정치를 이용하여 유인보상계약을 설계할 수밖에 없다. 경영자

보상을 회계이익과 기타 기업가치 정보 s의 선형함수라고 가정하면, 경영자 보상함수는 다음과 같다.

$$w = \alpha + CERC \times earn + \gamma \times s$$

위 식에서,
w: 경영자 총보상
α: 고정급여
$earn$: 회계이익
s: 기타 기업가치 관련 정보
$CERC$: 회계이익－보상민감도
γ: 기타 성과정보－보상민감도를 의미한다.

즉 현재의 보상은 회계이익과 같은 공공정보와 내부정보(s)에 의해 결정되지만 내부정보는 기업 내부의 경영자만이 아는 사적정보가 대부분이다. 이때 위임자의 효용을 극대화하는 목적함수에서 유도할 수 있는 회계정보($earn$)와 그 외 성과정보(s)에 대한 최적 성과－보상민감도는 다음의 절차를 거쳐 구할 수 있다.

논문의 가정하에서 위임자(주주)의 확실성 등가(certainty equivalent; CE)와 대리인의 확실성 등가(CE)는 다음과 같이 표현할 수 있다.

위임자의 $CE = E(ERC \times earn + b \times s) - E(\alpha + CERC \times earn + \gamma \times s)$
$$= ERC \cdot fe_1 + b \cdot ge_2 - (\alpha + CERC \cdot fe_1 + b \cdot ge_2)$$

대리인의 $CE = E(w) - \dfrac{1}{2} rV(\alpha + CERC \times earn + \gamma \times s)$
$$- (0.5C_1 e_1^2 + 0.5C_2 e_2^2)$$

$$= a + CERC \cdot fe_1 + \gamma \cdot ge_2 - 0.5 C_1 e_1^2 - 0.5 C_2 e_2^2$$

$$- \frac{1}{2} r[CERC^2 V(fe_1 + \widetilde{\varepsilon}) + \gamma^2 V(ge_2 + \widetilde{\delta})$$

$$- 2 \operatorname{cov}(earn, s) \cdot CERC \cdot \gamma]$$

로 나타낼 수 있다. 여기서 모형의 단순화를 위하여 cov(earn, s)=0으로 가정한다.

최적 계약을 유도하기 위한 위임자의 CE와 대리인의 CE의 합인 Total CE를 구하면 다음과 같다.

Total CE = 위임자의 CE + 대리인의 CE

$$\text{Total CE} = ERC \cdot fe_1 + b \cdot ge_2 - \frac{1}{2} r[CERC^2 V(\widetilde{\varepsilon})$$

$$+ \gamma^2 V(\widetilde{\delta})] - 0.5 C_1 e_1^2 - 0.5 C_2 e_2^2 \qquad \cdots\cdots \ (3\text{-}4)$$

대리인의 CE를 e_1과 e_2로 각각 편미분하여, 이익극대화의 최적화 1계 조건(first order condition)을 구하면 다음과 같다.

$$\frac{\partial \ \text{대리인의} \ \text{CE}}{\partial e_1} = CERC \cdot f - C_1 e_1 = 0 \qquad \cdots\cdots \ ①$$

$$\frac{\partial \ \text{대리인의} \ \text{CE}}{\partial e_2} = \gamma \cdot g - C_2 e_2 = 0 \qquad \cdots\cdots \ ②$$

위 식 ①과 ②에서 CERC와 γ는 다음과 같이 유도된다.

$$CERC = \frac{C_1 e_1}{f}, \quad \gamma = \frac{C_2 e_2}{g} \qquad \cdots\cdots \ ③$$

따라서 식 (3-4)에 위에서 구한 식 ③의 CERC를 직접 대입하게 되면 아래와 같이 변형시킬 수 있다.

$$\text{Total CE} = ERC \cdot fe_1 + b \cdot ge_2 - \frac{1}{2} r \left[\frac{C_1^2 e_1^2}{f^2} \sigma_\varepsilon^2 + \gamma^2 \sigma_\delta^2 \right] \\ - 0.5 C_1 e_1^2 - 0.5 C_2 e_2^2 \qquad \cdots\cdots \ (3\text{-}5)$$

식 (3-5)의 Total CE를 e_1으로 미분하고 여기에 식 ①을 대입하면 최적 성과−보상민감도(CERC)는 다음과 같이 유도된다.[15]

$$CERC = \frac{ERC \times f^2}{f^2 + rC_1 \sigma_\varepsilon^2}$$

동일한 과정으로 위에서 구한 식 ③의 γ를 식 (3-4)에 대입하면 식 (3-6)이 유도된다.

$$\text{Total CE} = ERC \cdot fe_1 + b \cdot ge_2 - \frac{1}{2} r \left[CERC^2 \sigma_\varepsilon^2 + \frac{C_2 e_2^2}{g^2} \sigma_\delta^2 \right] \\ - 0.5 C_1 e_1^2 - 0.5 C_2 e_2^2$$

$$\cdots\cdots \ (3\text{-}6)$$

식 (3-6)의 Total CE를 e_2로 미분하고 여기에 식 ②를 대입하면 최적 성과−보상민감도(γ)는 다음과 같이 유도된다.[16]

---

15) 증명과정을 풀이하면 다음과 같다.

$$\frac{\partial \ \text{Total CE}}{\partial \ e_1} = ERC \cdot f - r\sigma_\varepsilon^2 \frac{C_1^2}{f^2} e_1 - C_1 e_1$$

$$= ERC \cdot f - r\sigma_\varepsilon^2 \frac{C_1}{f^2} CERC \cdot f - CERC \cdot f = 0$$

$$\therefore \quad CERC = \frac{ERC \times f^2}{f^2 + rC_1 \sigma_\varepsilon^2}$$

$$\gamma = \frac{b \times g^2}{g^2 + rC_2\sigma_\delta^2}$$

결국 논문의 가정하에서 보상함수를 $w = a + CERC \times earn + \gamma \times s$이라고 설계하였을 경우, 최적 성과 – 보상민감도는 식 (3-7)로 정리할 수 있다.

$$CERC = \frac{ERC \times f^2}{f^2 + rC_1\sigma_\varepsilon^2} \; ; \quad \gamma = \frac{b \times g^2}{g^2 + rC_2\sigma_\delta^2} \qquad \cdots\cdots \ (3\text{-}7)$$

그리고 회계정보와 그 외 성과정보의 상대적 보상 – 민감도는 식 (3-8)과 같다.

$$\frac{CERC}{\gamma} = \frac{ERC \times f^2(g^2 + rC_2\sigma_\delta^2)}{b \times g^2(f^2 + rC_1\sigma_\varepsilon^2)} \qquad \cdots\cdots \ (3\text{-}8)$$

식 (3-7)과 식 (3-8)에서 CERC와 상대적 CERC는 모두 ERC와 비례 관계에 있음을 알 수 있다. 즉 기업가치의 정의가 $\tilde{V} = ERC \times earn + b \times s$ 이므로, $\frac{\partial E[V]}{\partial e_1} = ERC \times f$로서 첫 번째 경영투입노력($e_1$)의 한계생산성이 ERC에 대한 함수가 된다. 환언하면, 보상함수는 이익에 대한 보상의 가중치가 ERC와 비례하도록 설계함으로써 목표일치성을 유도하게 된다. 그런데 당기의 경영투입노력이 기업가치에 미치는 장기적 영향은 이익지속성(earnings persistence)에 의해 나타나므로 ERC는 이익지속성에 의

---

16) 증명과정을 풀이하면 다음과 같다.

$$\frac{\partial \text{ Total CE}}{\partial e_2} = b \cdot g - r\sigma_\delta^2 \frac{C_2^2}{g^2} e_2 - C_2 e_2$$

$$= b \cdot g - r\sigma_\delta^2 \frac{C_2}{g^2} \gamma \cdot g - \gamma \cdot g = 0$$

$$\therefore \ \gamma = \frac{b \times g^2}{g^2 + rC_2\sigma_\delta^2}$$

해 결정된다. 그러므로 CERC도 ERC의 결정요인인 이익지속성에 영향을 받게 된다.

식 (3-7)에 의하면 CERC는 회계정보의 잡음(σ_ϵ^2)과 경영자의 절대적 위험회피계수(r)와는 음의 상관관계를 갖게 된다. 즉 회계정보의 잡음이 증가하면 회계성과측정치의 정확성이 감소하게 되고 따라서 보상에 대한 회계정보의 가중치(CERC) 역시 감소하게 된다. 그리고 경영자의 위험에 대한 회피성향이 클수록 유인보상(CERC)의 효과는 감소한다. 경영자의 절대적 위험회피계수가 무한대인 극단적인 경우에는 고정급여의 지급만이 경영자로 하여금 노동계약을 체결하도록 유인할 수 있을 것이다.

식 (3-8)에서 보는 바와 같이 상대적 CERC는 회계정보 이외의 성과정보가 기업가치화 되는 자본화 계수(b)와 음($-$)의 관련성을 갖는다. 보상에 사용되는 공공정보의 질이 낮을수록 비기대 보상변화가 커지고 이는 현재의 보상이 미래 공공정보에 대한 설명력을 증대시킴을 의미한다. 다시 말해 회계정보 이외의 성과정보, 예를 들면 비재무적 성과측정치 등이 경영자의 투입노력이나 기업가치에 대한 정보력이 보다 우월하다면 당기에 반영되는 회계이익의 가중치는 당연히 감소하게 될 것이다.

식 (3-7)에서 밝혀진 바와 같이 회계이익에 대한 경영자보상민감도인 CERC와 회계이익-기업가치 관련성인 ERC 간에는 비례관계가 존재한다.

회계이익이 기업가치평가에 대한 정보력이 클수록 경영자의 투입노력(수탁책임)에 대한 정보력도 클 수 있는가를 검증하는 것은 흥미로운 주제이다. 이는 회계이익이 정보의 유용성 측면에서 상이한 역할(가치평가와 수탁책임)[17]을 수행함에도 불구하고 그 사용가치에 상관관계가 존재할 것이냐에 대한 물음으로 다시 말해 본 절에서 논의된 가정하에서 구해진 최적 성과-보상민감도가 우리나라 기업을 대상으로 하였을 때 현실적으로 타당한지는 검토 대상이 될 수 있다.

3.2. 경영자 보상함수에 사용되는 회계이익의 역할

경영자 보상함수에 사용되는 시장성과측정치(주식성과측정치)는 목표일치성을 유도한다는 점에서 이상적 특질에 부합한 성과변수로 평가받는다. 그러나 경영자 보상함수에는 이러한 시장성과측정치 외에 조작가능성의 잡음이 존재하는 회계이익 역시 중요한 성과변수로 사용되고 있다. 본 절에서는 이처럼 회계이익이 경영자 보상계약에 주식수익률 외의 추가적 변수로 사용되는 원인을 고찰한 연구들을 분석해 보고자 한다. 즉 경영자 보상함수에 사용되는 회계이익의 역할이 무엇인지에 대한 선행연구를 살펴보고자 한다.

3.2.1. 동기부여목적

Bushman과 Indjejikian(1993)은 경영자 보상에 사용되는 계약체결변수로서 회계이익의 역할을 조사하기 위하여 회계이익의 정보내용에 대한 두 가지 가정을 설정하였다. 첫 번째 가정은 회계이익이 주식가격결정에 사용되는 투자자의 사적정보와 동일한 정보를 제공하는 경우이다.

---

17) 회계이익의 가치관련성은 당기 회계이익의 기업가치에 대한 정보력을 나타내며, 회계이익의 수탁책임(보상민감도)은 당기 회계이익이 반영하는 경영자의 숨겨진 경영노력에 대한 정보력을 의미한다. 따라서 회계이익은 두 가지 정보를 내포한다.

이 경우 회계이익은 단순히 비결과 관련 잡음(non-output related noise)을 여과하는 역할을 수행한다. 두 번째 가정은 회계이익이 투자자의 사적정보 중 일부만을 포함하는 경우를 설정하였다. 이 경우 회계이익은 비결과 관련 잡음을 여과하는 역할 이외에 경영자의 다차원적 직무에 대한 균형 있는 유인이 유도되며, 경영자가 통제 불가능한 결과 관련 잡음(output risk)을 여과하는 역할을 수행한다.

이들은 주식가격이 합리적 기대가설하의 대리모형에서 내생적(endogenous)으로 결정되는 경우에 회계이익의 역할을 분석하였다[18]. 균형주가의 내생성하에서는 주식가격에 회계이익정보가 반영되어 있음에도 불구하고, 회계이익은 독립적인 성과측정치로서 유용하다. 왜냐하면 균형주가는 투자자들이 기업을 평가함으로써 달성되는 것이지 계약체결목적으로 별도로 설계되는 것이 아니기 때문이다. 따라서 회계이익은 경영자 업적측정치로서 계약체결변수가 될 수 있다. 즉 주식가격은 기업가치평가 목적으로는 타당하나 경영자에게 유인(incentive)을 제공할 목적으로 부적합하며 오히려 동기부여목적으로는 회계이익이 타당하다고 주장하였다. 그러나 이러한 내생적 주식가격은 경영자의 행동이 단일행동모형(single-action setting)일 때는 적합하나, 경영자의 행동이 다차원적(multi-task)일 때에는 균형 있는 유인(balance of incentives)을 제공하지 못한다.

3.2.2. 위험분담목적

Sloan(1993)은 경영자 보상에 사용되는 회계이익이 개별 기업의 주식

---

18) Bushman과 Indjejikian(1993)은 회계이익은 주가와는 별개로 보상계획에 직접적으로도 사용될 수 있으며, 균형주식가격에 영향을 미침으로써 간접적으로도 사용될 수 있다고 주장하였다.

수익률의 변화로부터 경영자를 보호하는 위험분담역할이 있는지를 분석하였다. 그는 주식수익률에는 경영자의 노력과 무관한 거시경제적 환경요인이 포함되어 있으므로, 회계이익을 추가로 보상함수에 사용하는 것이 유인(incentive) 효과를 증대할 수 있을 것으로 예상하였다. 분석결과에 의하면 경영자 보상에 주식가격이외에 회계이익을 경영자 보상계약에 사용할 경우, 주식가격의 시장요인으로 야기되는 경영자의 보상위험을 감소시킬 수 있다. 즉 회계이익은 기업의 비체계적 가치변화를 많이 반영하고, 시장에서 결정된 지분가치 변화에 대한 민감도가 작기 때문에 회계이익을 보상계약에 사용하면 통제 불가능한 기업가치의 변화위험을 경감시킬 수 있다[19]. 이는 회계이익이 주식가격에 비해 경영자의 통제 가능성이 보다 크다는 것을 의미한다. Kim과 Suh(1993)는 성과측정치로서 주식가격이외에 회계이익을 추가로 사용하게 되면, 경영자의 노력을 배분하는데 있어서 주식가격의 비효율성이 어떻게 완화되는지를 조사하였다. 그들은 일반적인 대리이론과는 달리 주주가 위험회피적인 상황에서 주주와 경영자간의 위험분담효과에 초점을 두고 주식가격과 회계이익의 상대적 가중치를 분석하였다. 위험회피적인 주주가 거래위험(trading risk)의 일부를 경영자와 분담할 목적으로 주식가격을 경영자의 보상함수에 사용하지만, 주식가격에는 경영자가 통제할 수 없는 다양한 시장요인이 포함되어 있기 때문에 경영자에게 위험분담을 제공할 목적으로 주식가격과 함께 회계이익도 경영자 보상계약에 사용될 수 있다.

---

19) 주식가격변화를 시장의 체계적 요인에 의한 변화와 기업 고유의 비체계적 요인에 의한 변화로 나눌 경우, 회계이익은 시장의 체계적 변화보다 기업 고유의 비체계적 변화를 보다 많이 반영한다.

3.2.3. 경영자의 숨은 노력에 대한 증분정보력

Sloan(1993)은 회계이익이 경영자의 투입노력에 대한 주식가격의 정보력 이외의 증분 정보력을 갖기 때문에 경영자 보상계약에 주식수익률 외의 추가적인 변수로 회계이익이 사용되고 있음을 실증분석하였다. 그에 의하면 회계이익은 주식가격이 제공하는 유인효과 이외에 추가적인 유인을 제공할 목적으로 사용된다는 것이다. Kim과 Suh(1993)는 경영자 보상함수에 사용되는 회계이익의 역할 중 기업가치증가에 대한 경영자의 공헌도를 측정하는 역할을 여과된 주식가격(filtered price)을 이용하여 설명하였다. 여과된 주식가격(filtered price)이란 주식가격의 정보력과 회계이익의 정보력을 정확하게 비교하기 위한 과정에서 유도되는데 주식가격의 정보력에서 회계이익의 정보력을 걸러낸 정보력을 뜻한다. 즉 주식가격의 정보력은 회계이익의 정보력과 그 외의 정보력으로 구성되기 때문에 경영자 보상계약에 사용되는 주식가격의 보상민감도는 회계이익의 보상민감도에 비해 상대적으로 과장되어 있다. 따라서 여과된 주식가격과 회계이익의 상대적 계수를 이용해야 한다는 것이 그들의 주장이다.

3.3. 회계정보 유용성의 시계열 변화

기업은 재무상태와 영업성과를 나타내기 위하여 회계시스템에서 생성되는 회계정보를 사용한다. 그러나 이러한 정보가 기업의 성과를 측정하고 평가하는 데에는 미흡한 부분이 있다. 특히 급변하는 경쟁상황에서 미래의 기업성과를 예측하는 데는 별로 유용하지 않을 수 있다.

삼성전자의 경우 1995년의 당기순이익이 수 조원에 달했지만 1996년 들어 반도체 가격이 폭락하면서 그 해의 당기순이익은 크게 줄어들었다. 이는 1995년도의 회계이익이 삼성전자의 장기적인 성장가능성을 예측하는 데는 큰 도움이 되지 않음을 시사한다.[20] 오늘날의 회계환경은 과거와는 다른 양상을 띠고 있다. 예를 들면 시장의 글로벌화, 구매자 시장과 사회가치관의 변화 그리고 기술의 발전과 혁신, 기업의 가치에서 무형자산이 차지하는 비중의 증가 등은 기업의 경쟁상황을 더욱 빠르게 변화시키고 있다. 그 결과 제품은 점점 더 유사하게 되고 시장 참여자들의 차별화는 더욱더 어려워지고 있다.[21] 뿐만 아니라 경영혁신, 고객만족도, 그리고 품질전략과 같은 비재무적 성과측정치의 중요성이 날로 증가하는 추세이다. 결국 기업이 경쟁력을 유지하기 위하여 기술혁신 못지않게 성과측정치에 대한 관점을 다르게 인식하기 시작하였다. 왜냐하면 회계이익은 경영자의 전략적 의사결정(연구개발, 제품개발, 공정개발, 종업원 교육 등)이 초래할 미래의 경제적 성과를 온전하게 반영하지 못하기 때문이다. 이에 따라 기업이 재무적 성과측정치 이외에 금액으로 표시되지 않는 비재무적 성과측정치를 중요시하게 되었다. 예를 들어 은행에서의 창구대기시간, 자동차의 소비자 만족도 등의 비재무적 성과측정치가 개선되면 궁극적으로 기업가치를 증대시킬 수 있기 때문이다. 그러므로 회계이익은 과거에 비해 기업의 가치를 정확하게 반영하는 능력이 보다 약해졌다고 볼 수 있다. 즉 상대적으로 회계정보의 가치관련성이 낮아질 것으로 예상할 수 있다.

3.1.에서 살펴본 바와 같이 ERC와 CERC 사이에 정(+)의 상관관계

---

20) 고완석, 이대선, 안태식, 최관, 회계학원론 제2판, 율곡출판사, (1999) pp.336-337.

21) 임병천, "경쟁환경의 변화에 따른 종업원과 관리자의 새로운 역할," 국제경영리뷰, 제4권, 제1호(2000) p.255.

가 존재한다면 회계이익이 지니는 가치관련성의 감소는 회계정보의 수탁책임 정보력의 감소를 의미한다. 본 절에 대한 실증분석결과는 4장에서 논의될 것이다.

3.4. 현금흐름과 발생조정 정보력의 시계열 변화

회계이익의 정보유용성이 시계열적으로 변화한다면 회계이익을 현금흐름과 발생조정으로 구분하였을 경우 어느 부분의 정보력이 회계환경 변화에 더 많은 영향을 받았는지도 확인할 수 있을 것이다. 기업의 미래현금흐름을 예측하기 위해서는 현금주의 회계정보보다는 발생기준 회계정보가 더 유용하다는 것이 회계의 발전과정에서 인식되어 왔다. 그러나 발생주의 회계에 의해 산출된 회계정보는 회계실체에 내재하는 현금흐름과 일치하지 않는다. 발생주의 회계시스템은 감가상각, 수익 및 비용의 이연이나 발생 등에 다양한 임의배분 절차를 사용하고 있기 때문에 역사적 원가에 기초하여 산출된 회계이익은 기업의 수익력을 적절히 나타내 주지 못하고 있다. 현실적으로 기업의 흑자도산이 발생가능한 것도 여기에 기인한다. 이에 반해 현금주의 회계는 인식시기(timing)와 대응(matching)의 문제점을 내포하고 있기 때문에 이러한 문제점들을 발생조정과정을 통해 극복하고자 하는 발생주의 회계에 비해 열등한 기간성과 측정시스템으로 간주된다.

기업성과의 요약측정치(summary measure)인 회계이익은 영업현금흐름에 발생조정액을 더한 것이다. 회계이익의 정보유용성이 시계열적으로 감소할 경우 현금흐름 정보의 상대적 감소에 기인할 수도 있고, 발생조정의 상대적 정보력 감소에 기인할 수도 있다. 만약, 현금흐름의 정보력 감소가 원인이 되어 회계이익의 가치평가 정보력이 저하되었다면 이는 이익의 지속성과 관련이 있을 것이다. 기업이 영업활동을 통하여 지속적인 이익을 창출하지 못한다면, 배당의 지급 및 부채 상환은 물론이고 재무건전성에도 문제가 발생하므로 종국에는 기업의 생존마저 위태로울 수 있다. 따라서 영업활동으로 인한 현금흐름이 감소한다면 즉 이익의 지속성이 결여된다면 회계이익의 기업가치 관련 정보력의 크기는 감소할 수밖에 없다. 이에 반해서, 발생조정의 정보력 감소가 동인이 되어 회계이익의 가치평가 정보력이 시계열적으로 감소하였다면 이는 경영자의 이익관리에 따른 기회적인 이용과 관련이 있을 것이다. 경영자가 기업의 미래이익 전망에 대한 사적 정보(private information)를 신호하는 수단으로 발생조정을 순기능적으로 활용한다면 회계이익은 기업성과와 가치를 보다 잘 반영하게 되므로 정보유용성이 높아질 수 있다(Dechow 1994). 그러나 경영자가 발생조정을 역기능적으로 사용하여 이를 기회적으로 이익을 관리하는 데 악용한다면 회계이익은 기업성과와 가치를 왜곡시켜서 정보유용성이 오히려 저하될 것이다[22] (Dechow 1994). 그러나 현실적으로 회계이익의 가치평가 정보력의 시계열 변화의 원인을 구체적으로 현금흐름 내지는 발생조정으로 일반화할 수 없다. 현금흐름의 정보력 감소와 발생조정의 정보력 감소는 모두 가능성이 존재하며 이를 검증하는 것은 실증적 문제에 해당한다. 따라서 기업가치 관련성에 대한 시계열 변화의 동인은 두 가지 가능성을 함께 검증하는 것이 보다 타당할 것이다. 이는 회계이익의 가치평가 정보력뿐만 아니라 수탁책임 정보력에 대해서도 동일한 의구심을 가질 수 있다.

---

22) 발생조정의 순기능과 역기능은 재량적 발생조정과 비재량적 발생조정을 비교함으로써 확인할 수 있다. Dechow(1994)의 연구 외에 국내연구로는 최종서(1998)의 연구와 한봉희(1998b)의 연구를 참조할 것.

회계이익의 가치평가 정보력에 있어 현금흐름의 정보력 감소가 시계열적으로 보다 심각할 지 또는 발생조정의 정보력 감소가 시계열적으로 보다 심각할 지에 대한 실증분석결과는 4장에서 논의된다.

또한 회계이익의 수탁책임 정보력에 있어 현금흐름의 정보력 감소가 시계열적으로 보다 심각할 지 또는 발생조정의 정보력 감소가 시계열적으로 보다 심각할 지에 대한 실증분석결과도 4장에서 논의될 것이다.

3.5. 회계이익의 가치평가 정보력과 수탁책임 정보력의 시계열 변화

회계시스템의 산출물인 회계이익은 기간성과의 지표로서 기업가치평가 역할을 담당할 뿐만 아니라 목표일치성[23]과 위험분담을 목적으로 경영자 보상함수에 사용되어 수탁책임 역할을 수행한다. 회계정보가 기업가치를 결정하는 데 유용한 정보를 제공하느냐에 대한 물음은 대리인인 경영자의 기업가치에 공헌한 정도에 대한 유용한 정보를 제공하는가에 대한 것과는 별개의 문제이다. 이처럼 회계이익의 가치평가 역할과 수탁책임 역할은 구분이 된다. 회계가 본원적으로 과거지향적이며 보수적 기준에 의한 평가측정치이므로 경쟁이 치열해지고 기술진보가 빠른 시대에 미래현금흐름의 대용치로 직접사용하기에는 진실된 기업가치와 그 격차가 심해질 수밖에 없다. 특히 연구개발, 제품개발, 공정개발, 종업원 교육 등 경영자의 전략적 의사결정은 그 효과가 즉시에 나타나기보다는 어느 정도 기간이 경과한 후에 나타나는 것이 일반적

---

23) 목표일치성은 구체적으로, 노력투입유인제공, 노력배분유인제공 그리고 사적정보의 올바른 사용을 유도하는 유인제공으로 나눌 수 있다.

이다. 비록 회계이익에 이러한 전략적 의사결정의 당기성과가 반영되지 못하여 기업가치를 적절하게 평가하지 못한다고 해서 경영자 보상계약에서도 배제시킨다면 경영자는 결국 단기적 최적화만 꾀하게 될 것이다. 회계이익이 경영자보상에 사용되는 이유는 유인을 제공하는 것 외에도 경영자 보상계약에서 위험분담을 효율적으로 달성하기 위함이기도 하다. 뿐만 아니라 다차원적인 경영자 업무에 대한 투입노력배분을 최적으로 유도하기 위해서도 회계이익이 경영자보상에 사용된다. 그러므로 회계이익이 경영환경의 변화로 인하여 기업성과를 측정하는 정확성이 줄어든 탓에 가치평가 정보력이 감소할 가능성이 존재하나, 회계이익의 수탁책임 정보력의 감소는 상대적으로 작을 가능성이 있다. 회계이익의 수탁책임 정보력은 기업 외부환경의 영향을 반영하고자 하는 것이 목적이 아니라 경영자의 투입노력에 대한 정보력을 검증하는 것이다. 따라서 경영자가 재량권을 발휘할 수 있는 여지가 상대적으로 큰 회계이익은 여전히 수탁책임 정보력(경영자의 투입노력에 대한 정보력)이 유지될 가능성이 있다. 회계이익이 기업가치를 평가하는 데는 적절하지 못하다 할지라도 경영자의 숨겨진 노력에 대한 정보력이 있거나 경영자에 대한 위험분담효과가 존재한다면 경영자 보상계약변수로 사용될 수 있다. 이는 회계이익의 가치평가 정보력이 시계열적으로 감소한다고 하더라도 수탁책임 정보력의 시계열 변화 역시 동일한 비율로 감소한다고 보기 어렵다는 것을 의미한다. 회계이익의 사용목적이나 역할이 상이하기 때문에 그 유용성의 변화 역시 동일하다고 해석하기에는 직접적인 연관성을 찾기 어렵다. 비록 회계이익의 수탁책임 정보력이 시계열적으로 감소한다 할지라도 기업가치평가 정보력에 대한 상대적 감소비율은 그리 크지 않을 것이다. 이처럼 회계이익은 각기 상이한 역할을 담당하기 때문에 각 역할에서 정보의 시계열 변화에도 차이가 존재할 것이다.

회계이익의 역할에 따른 정보력의 시계열 변화에 대한 실증분석결과 역시 4장에서 논의되고 있다.

3.6. 비기대 보상의 역할

회계이익의 수탁책임 정보력이 시계열적으로 감소한다면 경영자 보상함수에서 비기대 보상의 역할을 추론할 필요가 있다. 회계이익의 수탁책임 정보력이 시계열로 감소한다는 것은 내부정보나 비재무적 성과정보 등이 경영자 업적평가에 사용되는 비중이 높아진다는 것을 의미한다. 이러한 변수들이 경영자 보상함수에 누락되면 경영자 업적평가에서 비기대 보상의 정보력이 증가하게 된다. 즉 회계이익을 보상변수로 사용하였을 경우 비기대 보상(보상함수의 잔차)에는 누락 성과변수가 포함된다. 비재무적 성과측정치와 같은 누락 성과변수의 상대적 정보력의 향상이 회계이익의 수탁책임 정보력의 감소원인이 될 수 있다. 왜냐하면 회계성과측정치는 후행지표인 데 비해 비재무적 성과측정치는 주로 선행지표의 성격을 갖는다. 즉 비재무적 성과측정치는 미래의 재무적 성과측정치의 선행지표가 되므로 이러한 경우 비기대 보상은 미래성과에 대한 정보력을 갖게 된다. 따라서 비기대 보상이 미래성과를 예측하는 능력이 존재하는지를 살펴볼 필요가 있다. 그러나 보상함수의 잔차에 포함된 누락 성과변수의 정보력을 검증하기 위해서는 기업의 지배구조를 통제할 필요성이 있다. 왜냐하면 경영자보상에 대한 회계이익의 정보력 감소는 보상함수에 포함되지 못한 누락성과변수의 영향과 그 외 대리문제가 포괄적으로 내재되어 있기 때문이다. 따라서 기업의 지배구조와 관련된 대리문제 역시 비기대 보상에 영향을 미치기 때문에 순수한 누락 성과변수의 영향을 고찰하기 위해서는 이러한 대리문제를 여과시켜야 한다. 기업의 지배구조와 관련된 대리문제가 없다면 즉, 순수한 누락성과변수만이 비기대 보상을 구성하고 있다면, 비기대 보상은 기업의 미래성과와 양(＋)의 관련성을 가질 것이다. 따라서 비기대 보상과 미래성과가 양(＋)의 상관관계를 갖는 경우에는 상대적으로 대리문제가 여과된 것으로 해석할 수 있다. 그러므로 기업의 지배구조를 직접적으로 통제할 수 없는 경우, 순수한 누락 성과변수의 영향을 고찰하기 위한 방법으로 먼저 비기대 보상과 미래 성과 간의 상관관계가 양(＋)인 집단과 그렇지 않은 (상관관계가 없거나 상관계수가 유의적인 음(－)인 집단)으로 구분한다. 다음 단계로 비기대 보상과 미래 성과 간의 상관관계가 양(＋)인 집단만을 대상으로 비기대 보상의 역할을 분석할 수 있다. 비재무적 성과측정치와 같은 누락 성과변수의 상대적 정보력의 향상이 회계이익의 수탁책임 정보력의 감소원인이 될 수 있다면, 이러한 경우 비기대 보상은 미래보상에 대한 정보력을 갖게 될 것이다.

제4장 연구모형의 설계

본 장에서는 실증분석을 실시하기 위한 연구모형을 설계하고 그에 따른 변수의 정의에 대해 기술하고자 한다.

4.1. 회계이익의 가치평가와 수탁책임 정보력의 관련성에 대한 연구모형

본 절에서는 회계이익의 가치평가 정보력과 수탁책임 정보력의 유용성을 비교하기 위하여 ERC와 CERC의 관련성에 대한 검증을 실시하고자 한다. CERC가 ERC의 함수로 비례관계가 성립하는지를 확인함으로써 회계이익의 가치평가와 수탁책임 정보력 사이의 관련성이 있음을 검증하고자 한다. 그리고 초과주식수익률과 회계성과측정치의 정의를 달리하여 여러 가지 모형으로 회계이익의 가치평가 정보력과 수탁책임 정보력을 비교하고자 한다. 최관(1993), 나종길(1997), 최종서(1998) 등 국내연구에서는 회계이익변수로서 당기순이익을 사용하고 있으나, Dechow(1994) 등 대부분의 국외연구에서는 특별손익을 공제하기 전의 경상이익을 사용하고 있다. 따라서 본 연구에서는 경상이익 및 당기순이익을 모두 회계이익의 대용치로 삼고 각각에 대하여 실증분석하고자 한다. 회계이익의 가치평가 정보력을 검증하기 위한 기업별 시계열 분석모형을 다음과 같이 정의한다.

$$XRET_{i,t} = a_0 + a_1 \Delta EARN_{i,t} + \varepsilon_{i,t} \qquad \cdots\cdots (4\text{-}1)$$

$$IRET_{i,t} = a_0 + a_1 \Delta EARN_{i,t} + \varepsilon_{i,t} \qquad \cdots\cdots (4\text{-}2)$$

위 식에서 사용되는 종속변수의 정의는 다음과 같다.

$$XRET_{i,t} = \prod_{\tau=1}^{12}(1+M_{i,\tau}) - 1 : \text{i기업의 t년도 시장조정주식수익률}$$

$$M_{i,\tau} = R_{i,\tau} - R_{m,\tau} : \text{i기업의 } \tau\text{월 시장조정 초과수익률}$$

$$R_{i,\tau} \text{는 i기업의 } \tau\text{월 개별주식수익률}$$

$$R_{m,\tau} \text{는 시장의 } \tau\text{월 지수증감률}$$

$$IRET_{i,t} = \prod_{\tau=1}^{12}(1+N_{i,\tau}) - 1 : \text{i기업의 t년도 산업지수조정수익률}$$

$$N_{i,\tau} = R_{i,\tau} - R_{I,\tau} : \text{i기업의 } \tau\text{월 산업조정 초과수익률}$$

$$R_{i,\tau} \text{는 i기업의 } \tau\text{월 개별주식수익률}$$

$$R_{I,\tau} \text{는 i기업이 속한 산업 I의 } \tau\text{월 지수증감률}$$

식 (4-1)과 식 (4-2)로 표현되는 회계이익의 가치평가 정보력에 대한 연구모형은 변수의 정의에 따라 여러 가지로 세분화 될 수 있다. 본 연구에 사용되는 독립변수($\Delta EARN_{i,t}$)는 4가지로 구분하였으며, 각 변수를 정의별로 살펴보면 다음과 같다.

$$\Delta EARN1_{i,t}: \text{i기업의 } \left[\frac{(\text{경상이익})_t - (\text{경상이익})_{t-1}}{t\text{년도 기초지분의 시장가치}} \right]$$

$$\Delta EARN2_{i,t}: \text{i기업의 } \left[\frac{(\text{당기순이익})_t - (\text{당기순이익})_{t-1}}{t\text{년도 기초지분의 시장가치}} \right]$$

$$\Delta ROE1_{i,t}: \text{i기업의 } (\text{자기자본경상이익률})_t - (\text{자기자본경상이익률})_{t-1}$$

$$\Delta ROE2_{i,t}: \text{i기업의 } (\text{자기자본당기순이익률})_t - (\text{자기자본당기순이익률})_{t-1}$$

본 연구에서 수행된 시계열분석 기간은 1980년부터 2000년까지이며, 최소 10년간의 자료를 이용할 수 있는 1991년 이전에 상장된 기업 중 266개를 임의 추출하여 총 4,205개의 기업-연도자료를 이용하였다. 그리고 표본으로 선정된 기업은 모두 13개의 산업으로 구성되어 있다. 본 연구모형에서 독립변수가 모두 1차 차분의 형태로 정의되므로 독립변수의 경우 1980년 자료는 모형에 직접 사용될 수 없다.

식 (4-1)과 식 (4-2)에서 회계이익의 가치평가 정보력인 ERC는 a_1으로 추정된다. 물론 각 식의 a_1은 변수의 정의에 따라 총 8가지[24]로 모두 상이한 값으로 나타날 것이지만, ERC라는 동일한 개념을 뜻하므로 통칭하여 하나의 변수로 정의하였다.

식 (4-3)과 식 (4-4)는 회계이익의 수탁책임 정보력을 검증하기 위한 기업별 시계열 분석모형이다.

$$COMP1_{i,t} = b_0 + b_1 \Delta EARN_{i,t} + b_2 RET_{i,t} + \varepsilon_{i,t} \qquad \cdots\cdots (4\text{-}3)$$

$$COMP2_{i,t} = b_0 + b_1 \Delta EARN_{i,t} + b_2 RET_{i,t} + \varepsilon_{i,t} \qquad \cdots\cdots (4\text{-}4)$$

위 식 (4-3)과 식 (4-4)에서 사용되는 종속변수의 정의는 다음과 같다.

$$COMP1_{i,t} = \frac{COMP_{i,t} - COMP_{i,t-1}}{COMP_{i,t-1}} : \text{i기업 t년도 임원 현금보상의 변화율}$$

$$COMP2_{i,t} = \ln(\text{현금보상})_{i,t} : \text{i기업의 t년도 임원 현금보상의 자연대수값}$$

위 식 (4-3)과 식 (4-4)에서 사용되는 독립변수 $\Delta EARN_{i,t}$과 $RET_{i,t}$를 정의별로 살펴보면 다음과 같다.

$$\Delta EARN1_{i,t} : \text{i기업의} \left[\frac{(\text{경상이익})_t - (\text{경상이익})_{t-1}}{\text{t년도 기초지분의 시장가치}} \right]$$

---

24) 종속변수 2가지와 독립변수 4가지로 조합할 수 있는 경우의 수는 모두 8(2×4)가지이다.

$\Delta EARN2_{i,t}$: i기업의 $\left[\dfrac{(당기순이익)_t - (당기순이익)_{t-1}}{t년도\ 기초지분의\ 시장가치}\right]$

$\Delta ROE1_{i,t}$: i기업의 $(자기자본경상이익률)_t - (자기자본경상이익률)_{t-1}$

$\Delta ROE2_{i,t}$: i기업의 $(자기자본당기순이익률)_t - (자기자본당기순이익률)_{t-1}$

$RET_{i,t} = \displaystyle\prod_{\tau=1}^{12}(1+m_{i,\tau}) - 1$: i기업의 t년도 주식수익률

$m_{i,\tau}$: i기업의 τ월에 있어서 월별주식수익률

식 (4-3)과 식 (4-4)에서 회계이익의 수탁책임 정보력인 CERC 역시 b_1으로 추정된다. 물론 각 식의 b_1 또한 총 8가지로 모두 상이한 값으로 나타날 것이지만 CERC라는 동일한 개념을 뜻하므로 통칭하여 하나의 변수로 정의하였다.

유인보상계약에서 유도할 수 있는 회계정보($earn$)와 그 외 성과정보(s)에 대한 최적 성과-보상민감도는 앞서 살펴 본 것과 같이 $CERC = \dfrac{ERC \times f^2}{f^2 + rC_1\sigma_\varepsilon^2}$ 이므로, 위 식 (4-1)과 식(4-2)의 변수정의별 ERC 추정계수값과 식 (4-3)과 식 (4-4)의 변수정의별 CERC 추정계수값은 모두 양(+)의 부호를 예상할 수 있다. 그러므로 회계이익의 가치평가 정보려과 수탁책임 정보력 간의 관련성을 검증하기 위하여 식 (4-1)과 식 (4-2)에서 얻은 변수정의별 ERC의 계수값과 식 (4-3)과 식 (4-4)에서 얻은 변수정의별 CREC의 계수값인 a_1과 b_1 사이의 상관관계를 살펴보면 된다.

<표 4-1> 회계이익의 정보력간 관련성에 대한 검증모형

	변수정의별 연구모형
회계정보의 가치관련성 (ERC)	$XRET_{i,t} = a_0 + a_1 \Delta EARN1_{i,t} + \varepsilon_{i,t}$ $XRET_{i,t} = a_0 + a_1 \Delta EARN2_{i,t} + \varepsilon_{i,t}$ $XRET_{i,t} = a_0 + a_1 \Delta ROE1_{i,t} + \varepsilon_{i,t}$ $XRET_{i,t} = a_0 + a_1 \Delta ROE2_{i,t} + \varepsilon_{i,t}$ $IRET_{i,t} = a_0 + a_1 \Delta EARN1_{i,t} + \varepsilon_{i,t}$ $IRET_{i,t} = a_0 + a_1 \Delta EARN2_{i,t} + \varepsilon_{i,t}$ $IRET_{i,t} = a_0 + a_1 \Delta ROE1_{i,t} + \varepsilon_{i,t}$ $IRET_{i,t} = a_0 + a_1 \Delta ROE2_{i,t} + \varepsilon_{i,t}$
회계정보의 수탁책임력 (CERC)	$COMP1_{i,t} = b_0 + b_1 \Delta EARN1_{i,t} + b_2 RET_{i,t} + \varepsilon_{i,t}$ $COMP1_{i,t} = b_0 + b_1 \Delta EARN2_{i,t} + b_2 RET_{i,t} + \varepsilon_{i,t}$ $COMP1_{i,t} = b_0 + b_1 \Delta ROE1_{i,t} + b_2 RET_{i,t} + \varepsilon_{i,t}$ $COMP1_{i,t} = b_0 + b_1 \Delta ROE2_{i,t} + b_2 RET_{i,t} + \varepsilon_{i,t}$ $COMP2_{i,t} = b_0 + b_1 \Delta EARN1_{i,t} + b_2 RET_{i,t} + \varepsilon_{i,t}$ $COMP2_{i,t} = b_0 + b_1 \Delta EARN2_{i,t} + b_2 RET_{i,t} + \varepsilon_{i,t}$ $COMP2_{i,t} = b_0 + b_1 \Delta ROE1_{i,t} + b_2 RET_{i,t} + \varepsilon_{i,t}$ $COMP2_{i,t} = b_0 + b_1 \Delta EARN2_{i,t} + b_2 RET_{i,t} + \varepsilon_{i,t}$
검증방법	모형별 Corr$(a_1,\ b_1) > 0$ 여부 확인

4.2. 회계이익의 가치평가와 수탁책임 정보력의 시계열 변화에 대한 연구모형

본 절에서는 주된 연구목적인 회계이익의 가치평가 정보력과 수탁책임 정보력이 시계열적으로 그 유용성이 어떻게 변화하였는지에 대한 분석을 실시하고자 한다.[25] 회계이익의 가치평가 정보력에 대한 척도로 ERC를 추정하여 통합자료분석을 실시하기 위한 모형을 다음 식 (4-5)와 식 (4-6)으로 설정하였다.[26]

$$XRET_{i,j,t} = \alpha_0 + \alpha_1 \sum_{t=1982}^{2000} Yr_t + \alpha_2 \sum_{j=2}^{13} Ind_j$$
$$+ \alpha_3 \Delta EARN_{i,j,t} + \alpha_4 \sum_{t=1982}^{2000} Yr_t \Delta EARN_{i,j,t}$$
$$+ \alpha_5 \sum_{j=2}^{13} Ind_j \Delta EARN_{i,j,t} + \varepsilon_{i,j,t} \quad \cdots\cdots (4\text{-}5)$$

$$IRET_{i,j,t} = \alpha_0 + \alpha_1 \sum_{t=1982}^{2000} Yr_t + \alpha_2 \sum_{j=2}^{13} Ind_j$$
$$+ \alpha_3 \Delta EARN_{i,j,t} + \alpha_4 \sum_{t=1982}^{2000} Yr_t \Delta EARN_{i,j,t}$$
$$+ \alpha_5 \sum_{j=2}^{13} Ind_j \Delta EARN_{i,j,t} + \varepsilon_{i,j,t} \quad \cdots\cdots (4\text{-}6)$$

---

25) 본 연구에 사용되는 회계이익의 시계열 속성은 김정교(1989)의 연구에 따라 묵시적으로 random walk을 따르는 것으로 한다. 김정교(1989)는 우리나라 기업의 연간회계이익의 시계열 속성을 규명하였는데, 연구결과에 의하면 회계이익변수가 random walk을 따른다는 가설이 기각되지 않았다.

26) 본 연구의 분석기간은 1980년부터 2000년까지이며, 266개 기업을 대상으로 총 4,205개의 기업－연도자료를 이용하였다. 그리고 표본은 모두 13개의 산업으로 구성되어 있으며, 독립변수에 1차 차분의 형태가 사용되므로 연도더미는 1982년부터 사용 가능하다.

위 식에서 사용되는 종속변수의 정의는 다음과 같다.

$$XRET_{i,t} = \prod_{\tau=1}^{12}(1 + M_{i,\tau}) - 1 : \text{i기업의 t년도 시장조정주식수익률}$$

$$M_{i,\tau} = R_{i,\tau} - R_{m,\tau} : \text{i기업의 } \tau\text{월 시장조정 초과수익률}$$

$$R_{i,\tau}\text{는 i기업의 } \tau\text{월 개별주식수익률}$$

$$R_{m,\tau}\text{는 시장의 } \tau\text{월 지수증감률}$$

$$IRET_{i,t} = \prod_{\tau=1}^{12}(1 + N_{i,\tau}) - 1 : \text{i기업의 t년도 산업지수조정수익률}$$

$$N_{i,\tau} = R_{i,\tau} - R_{I,\tau} : \text{i기업의 } \tau\text{월 산업조정 초과수익률}$$

$$R_{i,\tau}\text{는 i기업의 } \tau\text{월 개별주식수익률}$$

$$R_{I,\tau}\text{는 i기업이 속한 산업 I의 } \tau\text{월 지수증감률}$$

식 (4-5)와 식 (4-6)에 사용되는 독립변수 $\Delta EARN_{i,j,t}$를 정의별로 살펴보면 다음과 같다.

$$\Delta EARN1_{i,j,t} : \text{i기업의 } \left[\frac{(경상이익)_t - (경상이익)_{t-1}}{t년도\ 기초지분의\ 시장가치}\right]$$

$$\Delta EARN2_{i,j,t} : \text{i기업의 } \left[\frac{(당기순이익)_t - (당기순이익)_{t-1}}{t년도\ 기초지분의\ 시장가치}\right]$$

$$\Delta ROE1_{i,j,t} : \text{i기업의 } (자기자본경상이익률)_t - (자기자본경상이익률)_{t-1}$$

$$\Delta ROE2_{i,j,t} : \text{i기업의 } (자기자본당기순이익률)_t - (자기자본당기순이익률)_{t-1}$$

$$Yr_t : \text{연도더미변수}$$

$$Ind_j : \text{산업더미변수}$$

본 연구는 분석기간을 1980년부터 2000년까지로 하며, 266개 기업을 대상으로 총 4,205개의 기업-연도자료를 이용하였다. 그리고 표본으로 선정된 기업은 모두 13개의 산업으로 구성되어 있다. 독립변수에 1차 차분의 형태가 사용되므로 연도더미는 1982년부터 사용 가능하다.

또한 회계이익의 수탁책임 정보력을 검증하기 위하여 CERC를 추정하기 위한 모형을 식 (4-7)과 식 (4-8)을 설정한다.

$$
\begin{aligned}
COMP1_{\,i,j,t} = \ & \delta_0 + \delta_1 \sum_{t=1982}^{2000} Yr_t + \delta_2 \sum_{j=2}^{13} Ind_j + \delta_3 \Delta EARN_{\,i,j,t} \\
& + \delta_4 \sum_{t=1982}^{2000} Yr_t \Delta EARN_{\,i,j,t} + \delta_5 \sum_{j=2}^{13} Ind_j \Delta EARN_{\,i,j,t} \\
& + \delta_6 RET_{\,i,j,t} + \delta_7 \sum_{t=1982}^{2000} Yr_t RET_{\,i,j,t} \\
& + \delta_8 \sum_{j=2}^{13} Ind_j RET_{\,i,j,t} + \varepsilon_{\,i,j,t}
\end{aligned}
$$

$$\cdots\cdots (4\text{-}7)$$

$$
\begin{aligned}
COMP2_{\,i,j,t} = \ & \delta_0 + \delta_1 \sum_{t=1982}^{2000} Yr_t + \delta_2 \sum_{j=2}^{13} Ind_j + \delta_3 \Delta EARN_{\,i,j,t} \\
& + \delta_4 \sum_{t=1982}^{2000} Yr_t \Delta EARN_{\,i,j,t} + \delta_5 \sum_{j=2}^{13} Ind_j \Delta EARN_{\,i,j,t} \\
& + \delta_6 RET_{\,i,j,t} + \delta_7 \sum_{t=1982}^{2000} Yr_t RET_{\,i,j,t} \\
& + \delta_8 \sum_{j=2}^{13} Ind_j RET_{\,i,j,t} + \varepsilon_{\,i,j,t}
\end{aligned}
$$

$$\cdots\cdots (4\text{-}8)$$

위 식에서 사용되는 종속변수의 정의는 다음과 같다.

$$COMP1_{\,i,j,t} = \frac{COMP_{\,i,j,t} - COMP_{\,i,j,t-1}}{COMP_{\,i,j,t-1}}$$: i기업의 t년도 임원 현금보상의 변화율

$$COMP2_{\,i,j,t} = \ln(\text{현금보상})_{\,i,j,t}$$: i기업 t년도 임원 현금보상의 자연대수값

위 식 (4-7)과 식 (4-8)에서 사용되는 $\Delta EARN_{\,i,j,t}$와 그 외 독립변수를 정의별로 살펴보면 다음과 같다.

$\Delta EARN1_{i,j,t}$: i기업의 $\left[\dfrac{(경상이익)_t - (경상이익)_{t-1}}{t년도\ 기초지분의\ 시장가치}\right]$

$\Delta EARN2_{i,j,t}$: i기업의 $\left[\dfrac{(당기순이익)_t - (당기순이익)_{t-1}}{t년도\ 기초지분의\ 시장가치}\right]$

$\Delta ROE1_{i,j,t}$: i기업의 $(자기자본경상이익률)_t - (자기자본경상이익률)_{t-1}$

$\Delta ROE2_{i,j,t}$: i기업의 $(자기자본당기순이익률)_t - (자기자본당기순이익률)_{t-1}$

$RET_{i,t} = \prod_{\tau=1}^{12}(1 + m_{i,\tau}) - 1$: i기업의 t년도 주식수익률

$\qquad m_{i,\tau}$: i기업의 τ월에 있어서 월별주식수익률

Yr_t: 연도더미변수

Ind_j: 산업더미변수

식 (4-5)와 식 (4-6)을 통해서 변수정의별 특정연도(t 연도)의 산업평균 ERC는 다음과 같다.

$$ERC_t = \widehat{\alpha_3} + \widehat{\alpha}_{4,t} + \left[\sum_{j=2}^{13}\widehat{\alpha}_{5,j}/13\right] \qquad \cdots\cdots (4\text{-}9)$$

식 (4-9)에서 $\widehat{\alpha_5}$는 회계정보와 산업의 교호작용을 나타내는 변수이므로 산업평균의 ERC를 구하기 위해서는 산업의 수로 나누어주어야 한다. 본 연구에서 선정된 표본은 총 13개 산업의 266개 기업이다.

ERC를 추정하는 것과 동일한 방법으로 식 (4-7)과 식 (4-8)에서 변수정의별 특정연도(t 연도)의 산업평균 CERC는 다음과 같다.

$$CERC_t = \widehat{\delta_3} + \widehat{\delta}_{4,t} + \left[\sum_{j=2}^{13}\widehat{\delta}_{5,j}/13\right] \qquad \cdots\cdots (4\text{-}10)$$

식 (4-10)에서 $\hat{\delta}_5$는 회계정보와 산업의 교호작용을 나타내는 변수이므로 산업평균의 CERC를 구하기 위해서는 산업의 수로 나누어주어야 한다. 본 연구에서 선정된 표본은 총 13개 산업의 266개 기업이다.

식 (4-9)와 식 (4-10)을 연도에 대하여 회귀시키기 위해 식을 변형하면 다음과 같이 나타낼 수 있다.[27]

$$ERC_t = \zeta_0 + \zeta_1 Year_t + \eta_t \qquad \cdots\cdots (4\text{-}11)$$

$$CERC_t = \lambda_0 + \lambda_1 Year_t + \upsilon_t \qquad \cdots\cdots (4\text{-}12)$$

식 (4-11)과 식(4-12)를 통해 회계이익의 가치평가 정보력이 시계열적으로 감소하는지 그리고 회계이익의 수탁책임 정보력이 시계열적으로 감소하는지를 검증할 수 있다. 뿐만 아니라 회계이익의 가치평가 정보력의 시계열 변화가 수탁책임 정보력의 시계열 변화보다 큰지에 대한 분석도 검증가능하다.

회계이익의 가치평가 정보력이 시계열적으로 감소하는지를 검증하는 것은 식 (4-11)의 계수추정치의 부호를 통해 확인할 수 있으며, ζ_1의 기대부호는 음($-$)이다. 〈표 4-2〉에 그 검증모형이 정리되어 있다.

---

27) 식 (4-11)과 식 (4-12)에서 $Year_t$는 1981년부터 2000년까지이다.

<표 4-2> 회계이익의 가치평가 정보력의 시계열 변화에 대한 검증모형

	변수정의별 연구모형
ERC의 시계열 변화	$XRET_{i,j,t} = \alpha_0 + \sum_{t=1982}^{2000} \alpha_{1,t} Yr_t + \sum_{j=2}^{13} \alpha_{2,j} Ind_j + \alpha_3 \Delta EARN1_{i,j,t}$ $+ \sum_{t=1982}^{2000} \alpha_{4,t} Yr_t \Delta EARN1_{i,j,t} + \sum_{j=2}^{13} \alpha_{5,j} Ind_j \Delta EARN1_{i,j,t} + \varepsilon_{i,j,t}$ $XRET_{i,j,t} = \alpha_0 + \sum_{t=1982}^{2000} \alpha_{1,t} Yr_t + \sum_{j=2}^{13} \alpha_{2,j} Ind_j + \alpha_3 \Delta EARN2_{i,j,t}$ $+ \sum_{t=1982}^{2000} \alpha_{4,t} Yr_t \Delta EARN2_{i,j,t} + \sum_{j=2}^{13} \alpha_{5,j} Ind_j \Delta EARN2_{i,j,t} + \varepsilon_{i,j,t}$ $XRET_{i,j,t} = \alpha_0 + \sum_{t=1982}^{2000} \alpha_{1,t} Yr_t + \sum_{j=2}^{13} \alpha_{2,j} Ind_j + \alpha_3 \Delta ROE1_{i,j,t}$ $+ \sum_{t=1982}^{2000} \alpha_{4,t} Yr_t \Delta ROE1_{i,j,t} + \sum_{j=2}^{13} \alpha_{5,j} Ind_j \Delta ROE1_{i,j,t} + \varepsilon_{i,j,t}$ $XRET_{i,j,t} = \alpha_0 + \sum_{t=1982}^{2000} \alpha_{1,t} Yr_t + \sum_{j=2}^{13} \alpha_{2,j} Ind_j + \alpha_3 \Delta ROE2_{i,j,t}$ $+ \sum_{t=1982}^{2000} \alpha_{4,t} Yr_t \Delta ROE2_{i,j,t} + \sum_{j=2}^{13} \alpha_{5,j} Ind_j \Delta ROE2_{i,j,t} + \varepsilon_{i,j,t}$ $IRET_{i,j,t} = \alpha_0 + \sum_{t=1982}^{2000} \alpha_{1,t} Yr_t + \sum_{j=2}^{13} \alpha_{2,j} Ind_j + \alpha_3 \Delta EARN1_{i,j,t}$ $+ \sum_{t=1982}^{2000} \alpha_{4,t} Yr_t \Delta EARN1_{i,j,t} + \sum_{j=2}^{13} \alpha_{5,j} Ind_j \Delta EARN1_{i,j,t} + \varepsilon_{i,j,t}$ $IRET_{i,j,t} = \alpha_0 + \sum_{t=1982}^{2000} \alpha_{1,t} Yr_t + \sum_{j=2}^{13} \alpha_{2,j} Ind_j + \alpha_3 \Delta EARN2_{i,j,t}$ $+ \sum_{t=1982}^{2000} \alpha_{4,t} Yr_t \Delta EARN2_{i,j,t} + \sum_{j=2}^{13} \alpha_{5,j} Ind_j \Delta EARN2_{i,j,t} + \varepsilon_{i,j,t}$ $IRET_{i,j,t} = \alpha_0 + \sum_{t=1982}^{2000} \alpha_{1,t} Yr_t + \sum_{j=2}^{13} \alpha_{2,j} Ind_j + \alpha_3 \Delta ROE1_{i,j,t}$ $+ \sum_{t=1982}^{2000} \alpha_{4,t} Yr_t \Delta ROE1_{i,j,t} + \sum_{j=2}^{13} \alpha_{5,j} Ind_j \Delta ROE1_{i,j,t} + \varepsilon_{i,j,t}$ $IRET_{i,j,t} = \alpha_0 + \sum_{t=1982}^{2000} \alpha_{1,t} Yr_t + \sum_{j=2}^{13} \alpha_{2,j} Ind_j + \alpha_3 \Delta ROE2_{i,j,t}$ $+ \sum_{t=1982}^{2000} \alpha_{4,t} Yr_t \Delta ROE2_{i,j,t} + \sum_{j=2}^{13} \alpha_{5,j} Ind_j \Delta ROE2_{i,j,t} + \varepsilon_{i,j,t}$
검증 방법	$ERC_t = \widehat{\alpha_3} + \widehat{\alpha}_{4,t} + [\sum_{j=2}^{13} \widehat{\alpha}_{5,j}/13]$ $\downarrow$ $ERC_t = \zeta_0 + \zeta_1 Year_t + \eta_t \Rightarrow$ 모형별 $\zeta_1 < 0$ 여부 확인

회계이익의 수탁책임 정보력이 시계열적으로 감소하는지를 검증하는
방법은 식 (4-12)의 계수추정치의 부호로 확인할 수 있으며, ζ_1의 기
대부호는 음($-$)이다. 〈표 4-3〉에 검증모형이 요약되어 있다.

<표 4-3> 회계이익의 수탁책임 정보력의 시계열 변화에 대한 검증모형

	변수정의별 연구모형
CERC 의 시계열 변화	$COMP1_{i,j,t} = \delta_0 + \sum_{t=1982}^{2000} \delta_{1,t} Yr_t + \sum_{j=2}^{13} \delta_{2,j} Ind_j + \delta_3 \Delta EARN1_{i,j,t}$ $+ \sum_{t=1982}^{2000} \delta_{4,t} Yr_t \Delta EARN1_{i,j,t} + \sum_{j=2}^{13} \delta_{5,j} Ind_j \Delta EARN1_{i,j,t}$ $+ \delta_6 RET_{i,j,t} + \sum_{t=1982}^{2000} \delta_{7,t} Yr_t RET_{i,j,t}$ $+ \sum_{j=2}^{13} \delta_{8,j} Ind_j RET_{i,j,t} + \varepsilon_{i,j,t}$ $COMP1_{i,j,t} = \delta_0 + \sum_{t=1982}^{2000} \delta_{1,t} Yr_t + \sum_{j=2}^{13} \delta_{2,j} Ind_j + \delta_3 \Delta EARN2_{i,j,t}$ $+ \sum_{t=1982}^{2000} \delta_{4,t} Yr_t \Delta EARN2_{i,j,t} + \sum_{j=2}^{13} \delta_{5,j} Ind_j \Delta EARN2_{i,j,t}$ $+ \delta_6 RET_{i,j,t} + \sum_{t=1982}^{2000} \delta_{7,t} Yr_t RET_{i,j,t}$ $+ \sum_{j=2}^{13} \delta_{8,j} Ind_j RET_{i,j,t} + \varepsilon_{i,j,t}$ $COMP1_{i,j,t} = \delta_0 + \sum_{t=1982}^{2000} \delta_{1,t} Yr_t + \sum_{j=2}^{13} \delta_{2,j} Ind_j + \delta_3 \Delta ROE1_{i,j,t}$ $+ \sum_{t=1982}^{2000} \delta_{4,t} Yr_t \Delta ROE1_{i,j,t} + \sum_{j=2}^{13} \delta_{5,j} Ind_j \Delta ROE1_{i,j,t}$ $+ \delta_6 RET_{i,j,t} + \sum_{t=1982}^{2000} \delta_{7,t} Yr_t RET_{i,j,t}$ $+ \sum_{j=2}^{13} \delta_{8,j} Ind_j RET_{i,j,t} + \varepsilon_{i,j,t}$ $COMP1_{i,j,t} = \delta_0 + \sum_{t=1982}^{2000} \delta_{1,t} Yr_t + \sum_{j=2}^{13} \delta_{2,j} Ind_j + \delta_3 \Delta ROE2_{i,j,t}$ $+ \sum_{t=1982}^{2000} \delta_{4,t} Yr_t \Delta ROE2_{i,j,t} + \sum_{j=2}^{13} \delta_{5,j} Ind_j \Delta ROE2_{i,j,t}$ $+ \delta_6 RET_{i,j,t} + \sum_{t=1982}^{2000} \delta_{7,t} Yr_t RET_{i,j,t}$ $+ \sum_{j=2}^{13} \delta_{8,j} Ind_j RET_{i,j,t} + \varepsilon_{i,j,t}$
검증 방법	$CERC_t = \widehat{\delta_3} + \widehat{\delta}_{4,t} + [\sum_{j=2}^{13} \widehat{\delta}_{5,j}/13]$ $\downarrow$ $CERC_t = \lambda_0 + \lambda_1 Year_t + v_t \Rightarrow$ 모형별 $\lambda_1 < 0$ 여부 확인

<table>
<tr><td colspan="2" align="center">변수정의별 연구모형</td></tr>
<tr>
<td rowspan="4" valign="middle">CERC
의
시계열
변화</td>
<td>

$$COMP2_{i,j,t} = \delta_0 + \sum_{t=1982}^{2000} \delta_{1,t} Yr_t + \sum_{j=2}^{13} \delta_{2,j} Ind_j + \delta_3 \Delta EARN1_{i,j,t}$$
$$+ \sum_{t=1982}^{2000} \delta_{4,t} Yr_t \Delta EARN1_{i,j,t} + \sum_{j=2}^{13} \delta_{5,j} Ind_j \Delta EARN1_{i,j,t}$$
$$+ \delta_6 RET_{i,j,t} + \sum_{t=1982}^{2000} \delta_{7,t} Yr_t RET_{i,j,t}$$
$$+ \sum_{j=2}^{13} \delta_{8,j} Ind_j RET_{i,j,t} + \varepsilon_{i,j,t}$$

$$COMP2_{i,j,t} = \delta_0 + \sum_{t=1982}^{2000} \delta_{1,t} Yr_t + \sum_{j=2}^{13} \delta_{2,j} Ind_j + \delta_3 \Delta EARN2_{i,j,t}$$
$$+ \sum_{t=1982}^{2000} \delta_{4,t} Yr_t \Delta EARN2_{i,j,t} + \sum_{j=2}^{13} \delta_{5,j} Ind_j \Delta EARN2_{i,j,t}$$
$$+ \delta_6 RET_{i,j,t} + \sum_{t=1982}^{2000} \delta_{7,t} Yr_t RET_{i,j,t}$$
$$+ \sum_{j=2}^{13} \delta_{8,j} Ind_j RET_{i,j,t} + \varepsilon_{i,j,t}$$

$$COMP2_{i,j,t} = \delta_0 + \sum_{t=1982}^{2000} \delta_{1,t} Yr_t + \sum_{j=2}^{13} \delta_{2,j} Ind_j + \delta_3 \Delta ROE1_{i,j,t}$$
$$+ \sum_{t=1982}^{2000} \delta_{4,t} Yr_t \Delta ROE1_{i,j,t} + \sum_{j=2}^{13} \delta_{5,j} Ind_j \Delta ROE1_{i,j,t}$$
$$+ \delta_6 RET_{i,j,t} + \sum_{t=1982}^{2000} \delta_{7,t} Yr_t RET_{i,j,t}$$
$$+ \sum_{j=2}^{13} \delta_{8,j} Ind_j RET_{i,j,t} + \varepsilon_{i,j,t}$$

$$COMP2_{i,j,t} = \delta_0 + \sum_{t=1982}^{2000} \delta_{1,t} Yr_t + \sum_{j=2}^{13} \delta_{2,j} Ind_j + \delta_3 \Delta ROE2_{i,j,t}$$
$$+ \sum_{t=1982}^{2000} \delta_{4,t} Yr_t \Delta ROE2_{i,j,t} + \sum_{j=2}^{13} \delta_{5,j} Ind_j \Delta ROE2_{i,j,t}$$
$$+ \delta_6 RET_{i,j,t} + \sum_{t=1982}^{2000} \delta_{7,t} Yr_t RET_{i,j,t}$$
$$+ \sum_{j=2}^{13} \delta_{8,j} Ind_j RET_{i,j,t} + \varepsilon_{i,j,t}$$

</td>
</tr>
<tr><td>

검증
방법

$$CERC_t = \hat{\delta}_3 + \hat{\delta}_{4,t} + \left[\sum_{j=2}^{13} \hat{\delta}_{5,j} / 13 \right]$$
$$\downarrow$$
$$CERC_t = \lambda_0 + \lambda_1 Year_t + v_t \Rightarrow \text{모형별 } \lambda_1 < 0 \text{ 여부 확인}$$

</td></tr>
</table>

회계이익의 가치평가 정보력과 수탁책임 정보력 사이에 상대적 시계열 변화에 대한 검증절차는 위의 두 계수추정치 ζ_1과 λ_1의 크기와 유의수준을 통해 확인할 수 있다.[28] 〈표 4-4〉은 이에 대한 검증모형을 보여주고 있다.

<표 4-4> 회계이익의 역할간 시계열 변화에 대한 검증모형

	검증모형
ERC의 시계열 변화	$ERC_t = \widehat{a_3} + \widehat{a}_{4,t} + [\sum_{j=2}^{13} \widehat{a}_{5,j}/13]$ ↓ $ERC_t = \zeta_0 + \zeta_1 Year_t + \eta_t \Rightarrow$ [가설 2-1]에서 추출
CERC의 시계열 변화	$CERC_t = \widehat{\delta_3} + \widehat{\delta}_{4,t} + [\sum_{j=2}^{13} \widehat{\delta}_{5,j}/13]$ ↓ $CERC_t = \lambda_0 + \lambda_1 Year_t + v_t \Rightarrow$ [가설 2-2]에서 추출
검증방법	모형별 $\|\zeta_1\| > \|\lambda_1\|$ 또는 $\zeta_1 < \lambda_1 < 0$ 여부 확인

4.3. 현금흐름과 발생조정 정보력의 시계열 변화에 대한 연구모형

회계이익은 일정기간동안 기업이 영업활동으로부터 획득한 현금흐름을 발생과정에 따라 수정한 결과치이므로 현금흐름과 발생조정으로 분해될 수 있다. 본 연구에서는 경상이익 및 당기순이익을 모두 회계이익

---

28) 만약, 두 계수 추정치가 모두 유의적인 결과를 나타낼 경우에는 해석에 주의가 필요하다. 이러한 경우에는 두 가지 방법을 사용하여 감소 크기의 정도를 비교할 수 있다. 첫 번째 방법은 각 추정치의 표준편차로 표준화하는 과정을 거친 이후의 t통계량을 비교하는 것이다. 두 번째 방법은 연구기간을 구분지어 기간 간 결정계수의 변화를 비교하는 것이다.

의 대용치로 삼고 각각에 대하여 실증분석하고자 한다. 발생조정은 회계이익과 영업활동에서 조달된 현금흐름변수(CFO)의 차액으로 계산되는 총발생조정(ACC)에 의하여 측정된다. CFO의 경우 우리나라에서 현금흐름표의 작성이 의무화된 것은 1994년부터이므로 1980년에서 1993년까지에 대해서는 재무상태변화표와 대차대조표의 자료를 이용하여 다음과 같은 산식에 따라 간접적으로 계산한다.[29]

$$CFO_{i,t} = WCFO_{i,t} - [(\Delta CA_{i,t} - \Delta CASH_{i,t})$$
$$- (\Delta CL_{i,t} - \Delta CLTL_{i,t})] \qquad \cdots\cdots (4\text{-}13)$$

위 식에서

$WCFO_{i,t}$=i기업 t기의 영업활동으로부터 조달된 운전자본

$\Delta CA_{i,t}$=i기업 t기의 유동자산의 변화

$\Delta CASH_{i,t}$=i기업 t기의 현금예금의 변화

$\Delta CL_{i,t}$=i기업 t기의 유동부채의 변화

$\Delta CLTL_{i,t}$=i기업 t기의 유동성 장기부채의 변화를 나타낸다.

회계이익은 현금흐름과 발생조정액으로 분리($EARN = CFO + ACC$)시킬 수 있으므로 ERC의 측정 모형인 식 (4-1)과 식 (4-2)는 식 (4-14)의 과정을 거쳐 식 (4-15)와 식 (4-16)으로 변형시킬 수 있다.

$$XRET_{i,t} = a_0 + a_1 \Delta EARN_{i,t} + \varepsilon_{i,t} \qquad \cdots\cdots (4\text{-}1)$$

$$IRET_{i,t} = a_0 + a_1 \Delta EARN_{i,t} + \varepsilon_{i,t} \qquad \cdots\cdots (4\text{-}2)$$

---

29) 현금흐름은 그 정의에 따라 다양한 선택방법이 존재하지만, 본 연구에서 사용한 현금흐름 측정방법은 최종서(1998)의 연구와 동일한 방법을 채택하였다.

$$\Delta EARN_{i,t} = \Delta ACC_{i,t} + \Delta CFO_{i,t} \qquad\qquad \cdots\cdots (4\text{-}14)$$

위 식 (4-14)에서

$\Delta EARN_{i,t}$: 회계이익의 증분

$\Delta ACC_{i,t}$: 발생조정액의 증분

$\Delta CFO_{i,t}$: 현금흐름의 증분을 나타낸다.

식 (4-14)에서 보는 바와 같이 회계이익의 증분이 발생조정액의 증분과 현금흐름의 증분으로 구성되므로 식 (4-1)과 식 (4-2)는 다음의 식 (4-15)와 식 (4-16)과 같이 나타낼 수 있다.

$$XRET_{i,t} = \gamma_0 + \gamma_1 \Delta ACC_{i,t} + \gamma_2 \Delta CFO_{i,t} + \varepsilon_{i,t} \qquad \cdots\cdots (4\text{-}15)$$
$$IRET_{i,t} = \gamma_0 + \gamma_1 \Delta ACC_{i,t} + \gamma_2 \Delta CFO_{i,t} + \varepsilon_{i,t} \qquad \cdots\cdots (4\text{-}16)$$

위 식 (4-15)와 식 (4-16)에서 사용되는 종속변수의 정의는 다음과 같다.

$$XRET_{i,t} = \prod_{\tau=1}^{12}(1+M_{i,\tau}) - 1: \text{i기업의 t년도 시장조정주식수익률}$$

$$M_{i,\tau} = R_{i,\tau} - R_{m,\tau}: \text{i기업의 } \tau \text{월 시장조정 초과수익률}$$

$$R_{i,\tau} \text{는 i기업의 } \tau \text{월 개별주식수익률}$$

$$R_{m,\tau} \text{는 시장의 } \tau \text{월 지수증감률}$$

$$IRET_{i,t} = \prod_{\tau=1}^{12}(1+N_{i,\tau}) - 1: \text{i기업의 t시점 산업지수조정수익률}$$

$$N_{i,\tau} = R_{i,\tau} - R_{I,\tau}: \text{i기업의 } \tau \text{월 산업조정 초과수익률}$$

$$R_{i,\tau} \text{는 i기업의 } \tau \text{월 개별주식수익률}$$

$$R_{I,\tau} \text{는 i기업이 속한 산업 I의 } \tau \text{월 지수증감률}$$

식 (4-15)와 식 (4-16)에 사용되는 독립변수인 발생조정액($\Delta ACC_{i,t}$)과 현금흐름($\Delta CFO_{i,t}$)을 정의별로 살펴보면 다음과 같다.

$$\Delta ACC1_{i,t}=\text{i기업의 } \left[\frac{(\text{경상이익}-\text{현금흐름})_t-(\text{경상이익}-\text{현금흐름})_{t-1}}{t\text{년도 기초지분의 시장가치}} \right]$$

$$\Delta ACC2_{i,t}=\text{i기업의}$$

$$\left[\frac{(\text{당기순이익}-\text{현금흐름})_t-(\text{당기순이익}-\text{현금흐름})_{t-1}}{t\text{년도 기초지분의 시장가치}} \right]$$

$$\Delta CFO_{i,t}=\text{i기업의 } \left[\frac{(\text{현금흐름})_t-(\text{현금흐름})_{t-1}}{t\text{년도 기초지분의 시장가치}} \right]$$

ERC와 마찬가지로 CERC에 대해서도 동일한 변형을 시킬 수 있다. 즉 CERC의 측정 모형인 식 (4-3)과 식 (4-4)를 발생조정과 현금흐름 부분으로 분할하여 다음의 식 (4-17)과 식 (4-18)과 같이 변형시킨다.

$$COMP1_{i,t}=\delta_0+\delta_1\Delta ACC_{i,t}+\delta_2\Delta CFO_{i,t}+\delta_3 RET_{i,t}+\varepsilon_{i,t} \cdots (4\text{-}17)$$

$$COMP2_{i,t}=\delta_0+\delta_1\Delta ACC_{i,t}+\delta_2\Delta CFO_{i,t}+\delta_3 RET_{i,t}+\varepsilon_{i,t} \cdots (4\text{-}18)$$

위 식에서 사용되는 종속변수의 정의는 다음과 같다.

$$COMP1_{i,t}=\frac{COMP_{i,t}-COMP_{i,t-1}}{COMP_{i,t-1}} : \text{i기업 t년도 임원 현금보상의 변화율}$$

$$COMP2_{i,t}=\ln(\text{현금보상})_{i,t}: \text{i기업의 t년도 임원 현금보상의 자연대수값}$$

식 (4-17)과 식 (4-18)에 사용되는 독립변수를 정의별로 살펴보면 다음과 같다.

92

$$\Delta ACC1_{i,t} = \text{i기업의} \left[\frac{(\text{경상이익} - \text{현금흐름})_t - (\text{경상이익} - \text{현금흐름})_{t-1}}{t\text{년도 기초지분의 시장가치}} \right]$$

$$\Delta ACC2_{i,t} = \text{i기업의}$$

$$\left[\frac{(\text{당기순이익} - \text{현금흐름})_t - (\text{당기순이익} - \text{현금흐름})_{t-1}}{t\text{년도 기초지분의 시장가치}} \right]$$

$$\Delta CFO_{i,t} = \text{i기업의} \left[\frac{(\text{현금흐름})_t - (\text{현금흐름})_{t-1}}{t\text{년도 기초지분의 시장가치}} \right]$$

$$RET_{i,t} = \prod_{\tau=1}^{12}(1 + m_{i,\tau}) - 1 : \text{i기업의 t년도 주식수익률}$$

$$m_{i,\tau} : \text{i기업의 } \tau\text{월에 있어서 월별주식수익률}$$

위 식 (4-15)와 식 (4-16)에서 발생조정액의 기업가치 관련성은 γ_1으로 추정할 수 있으며, 현금흐름의 기업가치 관련성은 γ_2로 추정할 수 있다. 마찬가지로 식 (4-17)과 식 (4-18)에서 δ_1은 발생조정액의 수탁책임 정보력을 추정하며, δ_2는 현금흐름의 수탁책임 정보력을 추정한다.

회계이익의 가치평가 정보력에 대한 발생조정과 현금흐름의 시계열 변화를 포착하기 위해 다음과 같이 식을 변형시키고자 한다.

$$XRET_{i,j,t} = \alpha_0 + \sum_{t=1982}^{2000} \alpha_{1,t} Yr_t + \sum_{j=2}^{13} \alpha_{2,j} Ind_j + \alpha_3 \Delta ACC_{i,j,t}$$

$$+ \alpha_4 \Delta CFO_{i,j,t} + \sum_{t=1982}^{2000} \alpha_{5,t} Yr_t \Delta ACC_{i,j,t}$$

$$+ \sum_{j=2}^{13} \alpha_{6,j} Ind_j \Delta ACC_{i,j,t} + \sum_{t=1982}^{2000} \alpha_{7,t} Yr_t \Delta CFO_{i,j,t}$$

$$+ \sum_{j=2}^{13} \alpha_{8,j} Ind_j \Delta CFO_{i,j,t} + \varepsilon_{i,j,t}$$

$$\cdots\cdots (4\text{-}19)$$

$$
\begin{aligned}
IRET_{i,j,t} = {} & \alpha_0 + \sum_{t=1982}^{2000} \alpha_{1,t} Yr_t + \sum_{j=2}^{13} \alpha_{2,j} Ind_j + \alpha_3 \Delta ACC_{i,j,t} \\
& + \alpha_4 \Delta CFO_{i,j,t} + \sum_{t=1982}^{2000} \alpha_{5,t} Yr_t \Delta ACC_{i,j,t} \\
& + \sum_{j=2}^{13} \alpha_{6,j} Ind_j \Delta ACC_{i,j,t} + \sum_{t=1982}^{2000} \alpha_{7,t} Yr_t \Delta CFO_{i,j,t} \\
& + \sum_{j=2}^{13} \alpha_{8,j} Ind_j \Delta CFO_{i,j,t} + \varepsilon_{i,j,t}
\end{aligned}
$$

$$\cdots\cdots (4\text{-}20)$$

위 식 (4-19)와 식 (4-20)처럼 회계이익의 가치평가 정보력을 발생조 정부분과 현금흐름부분으로 분할하여, 발생조정의 시계열 변화 및 현금 흐름의 시계열 변화를 확인하고자 한다.

$$
ACCRC_t = \widehat{\alpha_3} + \widehat{\alpha}_{5,t} + [\sum_{j=2}^{13} \widehat{\alpha}_{6,j}/13] \qquad \cdots\cdots (4\text{-}21)
$$

$$
CFORC_t = \widehat{\alpha}_4 + \widehat{\alpha}_{7,t} + [\sum_{j=2}^{13} \widehat{\alpha}_{8,j}/13] \qquad \cdots\cdots (4\text{-}22)
$$

위 식 (4-21)과 식 (4-22)에서 ACCRC(accrual response coefficient)는 발생조정의 가치평가 정보력으로 정의 내린다. ERC(earning response coefficient)가 회계이익의 가치평가 정보력을 의미하는 것과 같은 개념이 다. 이와 유사하게 CFORC(cash flow response coefficient)는 현금흐름의 가치평가 정보력으로 정의 내린다.

위의 식 (4-21)과 식 (4-22)를 연도(year)에 대하여 회귀시키기 위한 모형은 아래와 같이 표현할 수 있다.

$$ACCRC_t = \tau_0 + \tau_1 Year_t + u_t \qquad \cdots\cdots (4\text{-}23)$$

$$CFORC_t = \phi_0 + \phi_1 Year_t + e_t \qquad \cdots\cdots (4\text{-}24)$$

위 식 (4-23)과 식 (4-24)에서 사용되고 있는 독립변수 $Year_t$는 연도변수로 1981년부터 2000년까지이다.[30] 식 (4-23)과 식 (4-24)를 변수의 정의별로 회귀분석할 수 있다.

회계이익의 수탁책임 정보력에 대한 발생조정과 현금흐름의 시계열 변화를 포착하기 위해서도 회계이익의 가치평가 정보력에 대한 것과 유사한 과정을 거친다.

$$
\begin{aligned}
COMP1_{i,j,t} = \ & \delta_0 + \sum_{t=1982}^{2000} \delta_{1,t} Yr_t + \sum_{j=2}^{13} \delta_{2,j} Ind_j + \delta_3 \Delta ACC_{i,j,t} \\
& + \delta_4 \Delta CFO_{i,j,t} + \sum_{t=1982}^{2000} \delta_{5,t} Yr_t \Delta ACC_{i,j,t} \\
& + \sum_{j=2}^{13} \delta_{6,j} Ind_j \Delta ACC_{i,j,t} + \sum_{t=1982}^{2000} \delta_{7,t} Yr_t \Delta CFO_{i,j,t} \\
& + \sum_{j=2}^{13} \delta_{8,j} Ind_j \Delta CFO_{i,j,t} + \delta_9 RET_{i,j,t} \\
& + \sum_{t=2}^{20} \delta_{10,t} Yr_t RET_{i,j,t} + \sum_{j=2}^{13} \delta_{11,j} Ind_j RET_{i,j,t} \\
& + \varepsilon_{i,j,t}
\end{aligned}
$$

$$\cdots\cdots (4\text{-}25)$$

---

30) 분석자료는 1980년부터이지만, 독립변수가 1차 차분의 형태이므로 1981년부터 사용 가능하다. 연도더미가 사용되는 시계열 분석 역시 동일한 자료를 이용하나, 연도더미는 변수의 성격상 1982년부터 사용하게 된다는 점이 차이가 있다.

$$COMP2_{i,j,t} = \delta_0 + \sum_{t=1982}^{2000} \delta_{1,t}Yr_t + \sum_{j=2}^{13} \delta_{2,j}Ind_j + \delta_3\Delta ACC_{i,j,t}$$
$$+ \delta_4\Delta CFO_{i,j,t} + \sum_{t=1982}^{2000} \delta_{5,t}Yr_t\Delta ACC_{i,j,t}$$
$$+ \sum_{j=2}^{13} \delta_{6,j}Ind_j\Delta ACC_{i,j,t} + \sum_{t=1982}^{2000} \delta_{7,t}Yr_t\Delta CFO_{i,j,t}$$
$$+ \sum_{j=2}^{13} \delta_{8,j}Ind_j\Delta CFO_{i,j,t} + \delta_9 RET_{i,j,t}$$
$$+ \sum_{t=2}^{20} \delta_{10,t}Yr_t RET_{i,j,t} + \sum_{j=2}^{13} \delta_{11,j}Ind_j RET_{i,j,t}$$
$$+ \varepsilon_{i,j,t}$$

$$\cdots\cdots (4\text{-}26)$$

회계이익의 수탁책임 정보력을 발생조정과 현금흐름으로 분리하여, 발생조정의 시계열 변화 및 현금흐름의 시계열 변화를 확인하고자 한다.

$$CACCRC_t = \widehat{a}_3 + \widehat{a}_{5.t} + [\sum_{j=2}^{13} \widehat{a}_{6,j}/13] \qquad \cdots\cdots (4\text{-}27)$$

$$CCFORC_t = \widehat{a}_4 + \widehat{a}_{7.t} + [\sum_{j=2}^{13} \widehat{a}_{8,j}/13] \qquad \cdots\cdots (4\text{-}28)$$

위 식 (4-27)과 식 (4-28)에서 CACCRC(compensation accrual response coefficient)는 발생조정의 수탁책임 정보력으로 정의한다. 회계이익의 수탁책임 정보력을 CERC(compensation earning response coefficient)로 정의하는 것처럼 CCFORC(compensation cash flow response coefficient)는 현금흐름의 수탁책임 정보력으로 정의 내린다.

위의 식 (4-27)과 식 (4-28)을 연도에 회귀시키기 위한 모형으로 수정하면 다음 식 (4-29)와 식 (4-30)으로 고쳐 표현할 수 있다.

$$CACCRC_t = \xi_0 + \xi_1 Year_t + u_t \qquad \cdots\cdots (4\text{-}29)$$

$$CCFORC_t = \psi_0 + \psi_1 Year_t + e_t \qquad \cdots\cdots (4\text{-}30)$$

위 식에서

$Year_t$: 연도변수로 1981년부터 2000년까지이다.

식 (4-29)와 식 (4-30)을 변수의 정의별로 회귀분석할 수 있다. 회계이익의 시계열 변화를 보다 세부적으로 현금흐름과 발생조정으로 구분하였을 경우, 어느 부분의 정보력이 회계환경에 보다 민감하게 반응하였는지에 대한 세 번째 연구목적 역시 회계이익의 역할에 따라 나누어 검증하였다. 회계이익을 현금흐름과 발생조정으로 분리한 후의 회계이익의 가치평가 정보력에 대한 실증분석모형 〈표 4-5〉에 설명되어 있다. 그리고 회계이익을 현금흐름과 발생조정으로 분리한 후 회계이익의 수탁책임 정보력에 대한 분석모형은 〈표 4-6〉에 나타나 있다.

<표 4-5> 회계이익의 구성요소별 가치평가 변화에 대한 검증모형

분리모형	변수정의별 연구모형
가치평가 정보력의 시계열 변화	$XRET_{i,j,t} = \alpha_0 + \sum_{t=1982}^{2000} \alpha_{1,t} Yr_t + \sum_{j=2}^{13} \alpha_{2,j} Ind_j + \alpha_3 \Delta ACC1_{i,j,t} + \alpha_4 \Delta CFO_{i,j,t}$ $+ \sum_{t=1982}^{2000} \alpha_{5,t} Yr_t \Delta ACC1_{i,j,t} + \sum_{j=2}^{13} \alpha_{6,j} Ind_j \Delta ACC1_{i,j,t}$ $+ \sum_{t=1982}^{2000} \alpha_{7,t} Yr_t \Delta CFO_{i,j,t} + \sum_{j=2}^{13} \alpha_{8,j} Ind_j \Delta CFO_{i,j,t} + \varepsilon_{i,j,t}$ $XRET_{i,j,t} = \alpha_0 + \sum_{t=1982}^{2000} \alpha_{1,t} Yr_t + \sum_{j=2}^{13} \alpha_{2,j} Ind_j + \alpha_3 \Delta ACC2_{i,j,t} + \alpha_4 \Delta CFO_{i,j,t}$ $+ \sum_{t=1982}^{2000} \alpha_{5,t} Yr_t \Delta ACC2_{i,j,t} + \sum_{j=2}^{13} \alpha_{6,j} Ind_j \Delta ACC2_{i,j,t}$ $+ \sum_{t=1982}^{2000} \alpha_{7,t} Yr_t \Delta CFO_{i,j,t} + \sum_{j=2}^{13} \alpha_{8,j} Ind_j \Delta CFO_{i,j,t} + \varepsilon_{i,j,t}$ $IRET_{i,j,t} = \alpha_0 + \sum_{t=1982}^{2000} \alpha_{1,t} Yr_t + \sum_{j=2}^{13} \alpha_{2,j} Ind_j + \alpha_3 \Delta ACC1_{i,j,t} + \alpha_4 \Delta CFO_{i,j,t}$ $+ \sum_{t=1982}^{2000} \alpha_{5,t} Yr_t \Delta ACC1_{i,j,t} + \sum_{j=2}^{13} \alpha_{6,j} Ind_j \Delta ACC1_{i,j,t}$ $+ \sum_{t=1982}^{2000} \alpha_{7,t} Yr_t \Delta CFO_{i,j,t} + \sum_{j=2}^{13} \alpha_{8,j} Ind_j \Delta CFO_{i,j,t} + \varepsilon_{i,j,t}$ $IRET_{i,j,t} = \alpha_0 + \sum_{t=1982}^{2000} \alpha_{1,t} Yr_t + \sum_{j=2}^{13} \alpha_{2,j} Ind_j + \alpha_3 \Delta ACC2_{i,j,t} + \alpha_4 \Delta CFO_{i,j,t}$ $+ \sum_{t=1982}^{2000} \alpha_{5,t} Yr_t \Delta ACC2_{i,j,t} + \sum_{j=2}^{13} \alpha_{6,j} Ind_j \Delta ACC2_{i,j,t}$ $+ \sum_{t=1982}^{2000} \alpha_{7,t} Yr_t \Delta CFO_{i,j,t} + \sum_{j=2}^{13} \alpha_{8,j} Ind_j \Delta CFO_{i,j,t} + \varepsilon_{i,j,t}$
현금흐름 정보력의 시계열감소에 대한 검증방법	$ACCRC_t = \hat{a}_3 + \hat{a}_{5,t} + [\sum_{j=2}^{13} \hat{a}_{6,j}/13]$: $CFORC_t = \hat{a}_4 + \hat{a}_{7,t} + [\sum_{j=2}^{13} \hat{a}_{8,j}/13]$ $\downarrow$ $\qquad\qquad\qquad\qquad\qquad \downarrow$ $ACCRC_t = \tau_0 + \tau_1 Year_t + u_t \qquad : CFORC_t = \phi_0 + \phi_1 Year_t + e_t$ $\Rightarrow$ 모형별 $\mid \tau_1 \mid \, \langle \, \mid \phi_1 \mid$ 또는 $\phi_1 \, \langle \, \tau_1 \, \langle \, 0$ 여부 확인
발생조정 정보력의 시계열감소에 대한 검증방법	$ACCRC_t = \hat{a}_3 + \hat{a}_{5,t} + [\sum_{j=2}^{13} \hat{a}_{6,j}/13]$: $CFORC_t = \hat{a}_4 + \hat{a}_{7,t} + [\sum_{j=2}^{13} \hat{a}_{8,j}/13]$ $\downarrow$ $\qquad\qquad\qquad\qquad\qquad \downarrow$ $ACCRC_t = \tau_0 + \tau_1 Year_t + u_t \qquad : CFORC_t = \phi_0 + \phi_1 Year_t + e_t$ $\Rightarrow$ 모형별 $\mid \tau_1 \mid \, \rangle \, \mid \phi_1 \mid$ 또는 $\tau_1 \, \langle \, \phi_1 \, \langle \, 0$ 여부 확인

<표 4-6> 회계이익의 구성요소별 수탁책임 변화에 대한 검증모형

분리모형	변수정의별 연구모형
수탁책임 정보력의 시계열 변화	$COMP1_{i,j,t} = \delta_0 + \sum_{t=1982}^{2000}\delta_{1,t}Yr_t + \sum_{j=2}^{13}\delta_{2,j}Ind_j + \delta_3\Delta ACC1_{i,j,t} + \delta_4\Delta CFO_{i,j,t}$ $\quad + \sum_{t=1982}^{2000}\delta_{5,t}Yr_t\Delta ACC1_{i,j,t} + \sum_{j=2}^{13}\delta_{6,j}Ind_j\Delta ACC1_{i,j,t}$ $\quad + \sum_{t=1982}^{2000}\delta_{7,t}Yr_t\Delta CFO_{i,j,t} + \sum_{j=2}^{13}\delta_{8,j}Ind_j\Delta CFO_{i,j,t}$ $\quad + \delta_9 RET_{i,j,t} + \sum_{t=1982}^{2000}\delta_{10,t}Yr_t RET_{i,j,t} + \sum_{j=2}^{13}\delta_{11,j}Ind_j RET_{i,j,t}$ $\quad + \varepsilon_{i,j,t}$ $COMP1_{i,j,t} = \delta_0 + \sum_{t=1982}^{2000}\delta_{1,t}Yr_t + \sum_{j=2}^{13}\delta_{2,j}Ind_j + \delta_3\Delta ACC2_{i,j,t} + \delta_4\Delta CFO_{i,j,t}$ $\quad + \sum_{t=1982}^{2000}\delta_{5,t}Yr_t\Delta ACC2_{i,j,t} + \sum_{j=2}^{13}\delta_{6,j}Ind_j\Delta ACC2_{i,j,t}$ $\quad + \sum_{t=1982}^{2000}\delta_{7,t}Yr_t\Delta CFO_{i,j,t} + \sum_{j=2}^{13}\delta_{8,j}Ind_j\Delta CFO_{i,j,t}$ $\quad + \delta_9 RET_{i,j,t} + \sum_{t=1982}^{2000}\delta_{10,t}Yr_t RET_{i,j,t} + \sum_{j=2}^{13}\delta_{11,j}Ind_j RET_{i,j,t}$ $\quad + \varepsilon_{i,j,t}$ $COMP2_{i,j,t} = \delta_0 + \sum_{t=1982}^{2000}\delta_{1,t}Yr_t + \sum_{j=2}^{13}\delta_{2,j}Ind_j + \delta_3\Delta ACC1_{i,j,t} + \delta_4\Delta CFO_{i,j,t}$ $\quad + \sum_{t=1982}^{2000}\delta_{5,t}Yr_t\Delta ACC1_{i,j,t} + \sum_{j=2}^{13}\delta_{6,j}Ind_j\Delta ACC1_{i,j,t}$ $\quad + \sum_{t=1982}^{2000}\delta_{7,t}Yr_t\Delta CFO_{i,j,t} + \sum_{j=2}^{13}\delta_{8,j}Ind_j\Delta CFO_{i,j,t}$ $\quad + \delta_9 RET_{i,j,t} + \sum_{t=1982}^{2000}\delta_{10,t}Yr_t RET_{i,j,t} + \sum_{j=2}^{13}\delta_{11,j}Ind_j RET_{i,j,t}$ $\quad + \varepsilon_{i,j,t}$ $COMP2_{i,j,t} = \delta_0 + \sum_{t=1982}^{2000}\delta_{1,t}Yr_t + \sum_{j=2}^{13}\delta_{2,j}Ind_j + \delta_3\Delta ACC2_{i,j,t} + \delta_4\Delta CFO_{i,j,t}$ $\quad + \sum_{t=1982}^{2000}\delta_{5,t}Yr_t\Delta ACC2_{i,j,t} + \sum_{j=2}^{13}\delta_{6,j}Ind_j\Delta ACC2_{i,j,t}$ $\quad + \sum_{t=1982}^{2000}\delta_{7,t}Yr_t\Delta CFO_{i,j,t} + \sum_{j=2}^{13}\delta_{8,j}Ind_j\Delta CFO_{i,j,t}$ $\quad + \delta_9 RET_{i,j,t} + \sum_{t=1982}^{2000}\delta_{10,t}Yr_t RET_{i,j,t} + \sum_{j=2}^{13}\delta_{11,j}Ind_j RET_{i,j,t}$ $\quad + \varepsilon_{i,j,t}$
현금흐름 정보력의 시계열감 소에 대한 검증방법	$CACCRC_t = \widehat{a}_3 + \widehat{a}_{5.t} + [\sum_{j=2}^{13}\widehat{a}_{6,j}/13]$: $CCFORC_t = \widehat{a}_4 + \widehat{a}_{7.t} + [\sum_{j=2}^{13}\widehat{a}_{8,j}/13]$ $\qquad\qquad\downarrow \qquad\qquad\qquad\qquad\qquad\qquad\downarrow$ $CACCRC_t = \xi_0 + \xi_1 Year_t + u_t \qquad : CCFORC_t = \psi_0 + \psi_1 Year_t + e_t$ $\Rightarrow$ 모형별 $\mid\xi_1\mid \;\langle\; \mid\psi_1\mid$ 또는 $\psi_1 \;\langle\; \xi_1 \;\langle\; 0$ 여부 확인
발생조정 정보력의 시계열감 소에 대한 검증방법	$CACCRC_t = \widehat{a}_3 + \widehat{a}_{5.t} + [\sum_{j=2}^{13}\widehat{a}_{6,j}/13]$: $CCFORC_t = \widehat{a}_4 + \widehat{a}_{7.t} + [\sum_{j=2}^{13}\widehat{a}_{8,j}/13]$ $\qquad\qquad\downarrow \qquad\qquad\qquad\qquad\qquad\qquad\downarrow$ $CACCRC_t = \xi_0 + \xi_1 Year_t + u_t \qquad : CCFORC_t = \psi_0 + \psi_1 Year_t + e_t$ $\Rightarrow$ 모형별 $\mid\xi_1\mid \;\rangle\; \mid\psi_1\mid$ 또는 $\xi_1 \;\langle\; \psi_1 \;\langle\; 0$ 여부 확인

4.4. 비기대 보상의 역할을 검증하기 위한 모형

회계이익의 수탁책임 정보력이 시계열적으로 감소할 경우, 경영자 보상함수에서 비기대 보상의 역할을 추론할 필요가 있다. 회계이익을 보상변수로 사용하였을 경우 비기대 보상(보상함수의 잔차)에는 누락 성과변수가 포함된다. 일반 투자자들이 관찰하기 어려운 내부성과를 사용하여 경영자보상이 결정될 경우, 비재무적 성과측정치와 같은 누락성과변수의 상대적인 정보력 향상이 회계이익의 수탁책임 정보력을 감소시키는 원인이 될 수 있다. 누락된 성과측정치의 대부분이 비재무적 성과측정치이고, 재무적 성과측정치의 선행지표일 가능성이 높기 때문에 비기대 보상은 미래성과에 대한 정보력을 갖게 된다. 비기대 보상이 미래성과를 예측할 수 있다면, 미래보상에 대한 설명력도 존재할 것이다. 비기대 보상은 실제보상에서 기대보상을 차감한 것으로 보상함수의 잔차에 해당한다. 그러므로 경영자보상이 주식수익률과 회계이익 성과함수라는 선행연구에 따라 비기대 보상을 측정한다. 또한 본 연구에 사용되는 보상변수는 임원 1인당 평균 보상이 아닌 총보상이므로 기업규모를 통제하기 위하여 보상함수에 규모통제변수[31]를 추가하여 비기대 보상을 측정한다.

$$COMP_{i,\,t} = \beta_0 + \beta_1 RET_{i,\,t} + \beta_2 \varDelta ROE_{i,\,t} + \beta_3 \ln S + \varepsilon_{i,\,t} \quad \cdots\cdots \ (4\text{-}31)$$

---

31) 기업규모가 크다고 해서 기업의 생산성이나 수익성이 증가하는 것은 아니지만, 기업규모가 클수록 경영자의 직무는 보다 다차원적으로 수행될 가능성이 있다. 따라서 복잡한 업무를 수행하는 경영자에게 그에 상응하는 적절한 보상이 이루어지기 위해서는 경영자의 급여가 증가될 수밖에 없다. 황인태(1995)의 연구에서도 우리나라 기업의 경영자 보상은 경영성과뿐만 아니라 기업규모와도 유의적인 관련성이 존재함을 증명하였다.

위 식에서 종속변수인 보상변수와 독립변수 중 회계성과측정치로 사용된 ΔROE는 두 가지로 정의하여 사용하며, 기업규모에 대한 통제변수로 매출액을 사용한다. 기대보상[32]을 구하기 위한 식 (4-31)에 사용된 변수정의는 다음과 같다.

$$COMP1_{i,t} = \frac{COMP_{i,t} - COMP_{i,t-1}}{COMP_{i,t-1}} : \text{i기업 t년도 임원 현금보상의 변화율}$$

$$COMP2_{i,t} = \ln(\text{현금보상})_{i,t} : \text{i기업의 t년도 임원 현금보상의 자연대수값}$$

$$\Delta ROE1_{i,t} : \text{i기업의 } (\text{자기자본경상이익률})_t - (\text{자기자본경상이익률})_{t-1}$$

$$\Delta ROE2_{i,t} : \text{i기업의 } (\text{자기자본당기순이익률})_t - (\text{자기자본당기순이익률})_{t-1}$$

$$RET_{i,t} = \prod_{\tau=1}^{12}(1 + m_{i,\tau}) - 1 : \text{i기업의 t년도 주식수익률}$$

$$m_{i,\tau} : \text{i기업의 } \tau\text{월에 있어서 월별주식수익률}$$

$$\ln S_{i,t} : \text{i기업의 t년도 매출액의 자연대수 값을 나타낸다.}$$

식 (4-31)은 경영자 보상함수로 비기대 보상과 독립변수들 간의 관계가 안정적(stationary)일 것이라는 가정하에서 기대보상을 예측하고자 하는 기간 이전의 시계열 과거자료를 이용하여 추정한다. 이러한 과정을 거쳐 구한 추정회귀계수 $\widehat{\beta_0}, \widehat{\beta_1}, \widehat{\beta_2}, \widehat{\beta_3}$은 다음과 같은 비기대 보상의 계산식에 투입되어 예측기간의 각 연도별 실제자료를 이용하여 당해연도의 비기대 보상을 산출하는 데 사용된다.

$$UCOMP_{i,t} = COMP_{i,t} - [\widehat{\beta_0} + \widehat{\beta_1}RET_{i,t} + \widehat{\beta_2}\Delta ROE_{i,t} + \widehat{\beta_3}\ln S_{i,t}]$$

$$\cdots\cdots (4\text{-}32)$$

---

32) 기대보상을 구하는 식 (4-31)에 대한 변수정의별로 수행된 회귀분석 결과는 〈표 4-7〉에 나타내었다.

식 (4-32)를 실증분석하기 위한 모형은 $UCOMP_{i,t}$의 정의에 따라 달라진다. 본 연구에서 사용하는 실증분석모형은 $UCOMP_{i,t}$의 정의에 따라 다음의 식 (4-33)에서 식 (4-36)과 같이 나타낼 수 있다.

$$UCOMP11_{i,t} = COMP1_{i,t} - [\,\hat{\beta_0} + \hat{\beta_1}RET_{i,t} + \hat{\beta_2}\Delta ROE1_{i,t} + \hat{\beta_3}\ln S_{i,t}\,]$$
$$\cdots\cdots (4\text{-}33)$$

$$UCOMP12_{i,t} = COMP1_{i,t} - [\,\hat{\beta_0} + \hat{\beta_1}RET_{i,t} + \hat{\beta_2}\Delta ROE2_{i,t} + \hat{\beta_3}\ln S_{i,t}\,]$$
$$\cdots\cdots (4\text{-}34)$$

$$UCOMP21_{i,t} = COMP2_{i,t} - [\,\hat{\beta_0} + \hat{\beta_1}RET_{i,t} + \hat{\beta_2}\Delta ROE1_{i,t} + \hat{\beta_3}\ln S_{i,t}\,]$$
$$\cdots\cdots (4\text{-}35)$$

$$UCOMP22_{i,t} = COMP2_{i,t} - [\,\hat{\beta_0} + \hat{\beta_1}RET_{i,t} + \hat{\beta_2}\Delta ROE2_{i,t} + \hat{\beta_3}\ln S_{i,t}\,]$$
$$\cdots\cdots (4\text{-}36)$$

위 식에서

$COMP1_{i,t} = \dfrac{COMP_{i,t} - COMP_{i,t-1}}{COMP_{i,t-1}}$: i기업 t년도 임원 현금보상의 변화율

$COMP2_{i,t} = \ln(현금보상)_{i,t}$: i기업의 t년도 임원 현금보상의 자연대수값

$\Delta ROE1_{i,t}$: i기업의 (자기자본경상이익률)$_t$ - (자기자본경상이익률)$_{t-1}$

$\Delta ROE2_{i,t}$: i기업의 (자기자본당기순이익률)$_t$ - (자기자본당기순이익률)$_{t-1}$

$RET_{i,t} = \prod_{\tau=1}^{12}(1+m_{i,\tau}) - 1$: i기업의 t년도 주식수익률

$m_{i,\tau}$: i기업의 τ월에 있어서 월별주식수익률

$\ln S_{i,t}$: i기업의 t년도 매출액의 자연대수 값을 나타낸다.

식 (4-31)과 식 (4-32)를 이용하여 비기대 이익을 구한 후 식 (4-37)과 식 (4-38)과 같이 비기대 이익이 미래 경영자보상의 예측치가 될 수 있는지를 확인하는 모형은 다음과 같다.

$$COMP_{i,\,t+1} = \alpha_0 + \alpha_1 RET_{i,\,t+1} + \alpha_2 \varDelta ROE_{i,\,t+1} + \alpha_3 UCOMP_{i,\,t}$$
$$+ \alpha_4 \ln S_{i,\,t+1} + e_{i,\,t}$$

$$\cdots\cdots (4\text{-}37)$$

$$COMP_{i,\,t+2} = \alpha_0 + \alpha_1 RET_{i,\,t+2} + \alpha_2 \varDelta ROE_{i,\,t+2} + \alpha_3 UCOMP_{i,\,t}$$
$$+ \alpha_4 \ln S_{i,\,t+2} + e_{i,\,t}$$

$$\cdots\cdots (4\text{-}38)$$

위 식에서 종속변수로 사용되는 보상변수는 두 가지를 사용하였으며, 연도별 정의는 다음과 같다.

$$COMP1_{i,\,t+1} = \frac{COMP_{i,\,t+1} - COMP_{i,\,t}}{COMP_{i,\,t}} \text{ : i기업 t+1년도 임원 현금보상 변화율}$$

$$COMP1_{i,\,t+2} = \frac{COMP_{i,\,t+2} - COMP_{i,\,t+1}}{COMP_{i,\,t+1}} \text{ : i기업 t+2년도 임원 현금보상변화율}$$

$$COMP2_{i,\,t+1} = \ln(\text{현금보상})_{i,\,t+1} \text{ : i기업 t+1년 임원 현금보상의 자연대수값}$$

$$COMP2_{i,\,t+2} = \ln(\text{현금보상})_{i,\,t+2} \text{ : i기업 t+2년 임원 현금보상의 자연대수값}$$

식 (4-37)과 식 (4-38)에서 사용한 독립변수의 연도별 정의는 다음과 같다.

$$\varDelta ROE1_{i,\,t+1} \text{ : i기업의 } (\text{자기자본경상이익률})_{t+1} - (\text{자기자본경상이익률})_{t}$$

$$\varDelta ROE1_{i,\,t+2} \text{ : i기업의 } (\text{자기자본경상이익률})_{t+2} - (\text{자기자본경상이익률})_{t+1}$$

$$\varDelta ROE2_{i,\,t+1} \text{ : i기업의 } (\text{자기자본당기순이익률})_{t+1} - (\text{자기자본당기순이익률})_{t}$$

$$\varDelta ROE2_{i,\,t+2} \text{ : i기업의 } (\text{자기자본당기순이익률})_{t+2} - (\text{자기자본당기순이익률})_{t+1}$$

$$UCOMP11_{i,\,t} = COMP1_{i,\,t} - [\,\widehat{\beta_0} + \widehat{\beta_1} RET_{i,\,t} + \widehat{\beta_2} \varDelta ROE1_{i,\,t} + \widehat{\beta_3} \ln S_{i,\,t}\,]$$

$$UCOMP12_{i,\,t} = COMP1_{i,\,t} - [\,\widehat{\beta_0} + \widehat{\beta_1} RET_{i,\,t} + \widehat{\beta_2} \varDelta ROE2_{i,\,t} + \widehat{\beta_3} \ln S_{i,\,t}\,]$$

$$UCOMP21_{i,\,t} = COMP2_{i,\,t} - [\,\widehat{\beta_0} + \widehat{\beta_1} RET_{i,\,t} + \widehat{\beta_2} \varDelta ROE1_{i,\,t} + \widehat{\beta_3} \ln S_{i,\,t}\,]$$

$$UCOMP22_{i,t} = COMP2_{i,t} - [\widehat{\beta_0} + \widehat{\beta_1}RET_{i,t} + \widehat{\beta_2}\Delta ROE2_{i,t} + \widehat{\beta_3}\ln S_t]$$

$RET_{i,t+1}$: i기업의 t+1년도 주식수익률

$RET_{i,t+2}$: i기업의 t+2년도 주식수익률

$\ln S_{i,t+1}$: i기업 t+1년도 매출액의 자연대수값

$\ln S_{i,t+1}$: i기업 t+2년도 매출액의 자연대수값을 나타낸다.

비기대 보상이 기업의 미래성과와 양(+)의 상관관계를 가질 경우, 비기대 보상이 미래보상에 대해 정보력을 가지는지를 검토하기 위한 연구모형은 〈표 4-7〉에서 설명하고 있다.

<표 4-7> 비기대 보상의 역할에 대한 검증모형

	변수정의별 연구모형
비기대 보상의 역할	$COMP1_{i,t+1} = \alpha_0 + \alpha_1 RET_{i,t+1} + \alpha_2 \Delta ROE1_{i,t+1} + \alpha_3 UCOMP11_{i,t} + \alpha_4 \ln S_{i,t+1} + e_{i,t}$ $COMP1_{i,t+2} = \alpha_0 + \alpha_1 RET_{i,t+2} + \alpha_2 \Delta ROE1_{i,t+2} + \alpha_3 UCOMP11_{i,t} + \alpha_4 \ln S_{i,t+2} + e_{i,t}$ $COMP1_{i,t+1} = \alpha_0 + \alpha_1 RET_{i,t+1} + \alpha_2 \Delta ROE2_{i,t+1} + \alpha_3 UCOMP12_{i,t} + \alpha_4 \ln S_{i,t+1} + e_{i,t}$ $COMP1_{i,t+2} = \alpha_0 + \alpha_1 RET_{i,t+2} + \alpha_2 \Delta ROE2_{i,t+2} + \alpha_3 UCOMP12_{i,t} + \alpha_4 \ln S_{i,t+2} + e_{i,t}$ $COMP2_{i,t+1} = \alpha_0 + \alpha_1 RET_{i,t+1} + \alpha_2 \Delta ROE1_{i,t+1} + \alpha_3 UCOMP21_{i,t} + \alpha_4 \ln S_{i,t+1} + e_{i,t}$ $COMP2_{i,t+2} = \alpha_0 + \alpha_1 RET_{i,t+2} + \alpha_2 \Delta ROE1_{i,t+2} + \alpha_3 UCOMP21_{i,t} + \alpha_4 \ln S_{i,t+2} + e_{i,t}$ $COMP2_{i,t+1} = \alpha_0 + \alpha_1 RET_{i,t+1} + \alpha_2 \Delta ROE2_{i,t+1} + \alpha_3 UCOMP22_{i,t} + \alpha_4 \ln S_{i,t+1} + e_{i,t}$ $COMP2_{i,t+2} = \alpha_0 + \alpha_1 RET_{i,t+2} + \alpha_2 \Delta ROE2_{i,t+2} + \alpha_3 UCOMP22_{i,t} + \alpha_4 \ln S_{i,t+2} + e_{i,t}$
검증방법	모형별 $\alpha_3 > 0$ 여부 확인

제5장 회계이익의 정보유용성에 대한 실증분석

본 장에서는 제4장에서 제시한 회계이익의 정보유용성 변화와 관련하여 설정한 연구모형의 실증분석 결과를 살펴본다.

5.1. 실증분석에 사용된 자료와 기술통계량

본 연구의 실증분석에 사용되는 자료는 다음과 같은 조건을 만족하는 기업들로 구성된 표본(이하 전체표본)으로부터 얻어진 것이다.

① 1980년부터 2000년까지 각 연도 말 현재 증권거래소에 상장되어 있는 기업
② 건설업 및 금융업에 속하지 않은 기업
③ 1991년 이전에 상장되어 시계열분석에 필요한 최소 10개 이상의 관측치를 확보할 수 있는 기업
④ 결산월이 12월인 기업
⑤ 임원급여가 제시된 기업
⑥ 연구기간 동안 주식수익률 자료를 구할 수 있는 기업

위 여섯 가지 조건을 만족시키는 266개 기업을 선정하였다. 본 연구모형에서는 모두 변화변수를 포함하고 있기 때문에 전체표본에는 1981년부터 2000년까지의 기업-연도 관찰치가 포함된다. 따라서 최종 확정된 전체표본은 266개 기업에 대하여 4,205개의 기업-연도 관측치로 구성된다. 〈표 5-1〉은 본 연구에서 사용된 표본의 산업별 구성을 나타내

고 있다. 표본으로 선정된 기업의 산업을 살펴보면 화학업종이 총 47개 기업으로 가장 많이 포함되었으며, 전기·전자 업종이 41개 기업이 추출됨으로써 그 다음을 차지하고 있다.

<표 5-1> 표본의 산업별 구성

분류코드	산업명	채택 기업수
05000	음식료품	22
06000	섬유·의복	19
07000	종이·목재	11
08000	화학	47
09000	의약품	17
10000	비금속광물제품	15
11000	철강·금속	25
12000	기계	17
13000	전기·전자	41
15000	운수장비	17
16000	유통업	21
19000	운수창고업	8
99000	기타 제조업	6
합 계		266

〈표 5-2〉는 전체표본의 산업별·연도별 구성내역을 보여주고 있다. 〈표 5-2〉에서 보는 바와 같이 총 13개 산업 중 운수장비, 유통업, 운수창고업, 기타 제조업 등 4개 산업을 제외한 9개 산업은 1980년부터 표본기업이 선정되었다. 그런데 전체표본을 1981년부터 표시한 이유는, 실제로 연구기간은 1980년부터 2000년까지이나 분석모형에서 사용되는 독립변수가 1차 차분의 형태를 취하므로 실증분석에 사용되는 기업자료는 1981년부터 가능하기 때문이다. 〈표 5-2〉의 가로 합계는 개별 업종에 대한 연도별 기업자료의 누계를 나타내며, 세로 합계는 각 연도에 있어 업종별 기업자료의 누계를 나타낸다.

<표 5-2> 전체표본의 산업별·연도별 구성명세

	1981	1982	1983	1984	1985	1986	1987	1988	1989	1990	1991	1992	1993	1994	1995	1996	1997	1998	1999	2000	합 계
음식료품	19	19	19	19	19	19	19	21	21	21	22	22	22	22	22	22	22	22	22	22	416
섬유, 의복	18	18	18	18	18	18	18	19	19	19	19	19	19	19	19	19	19	19	19	19	373
종이, 목재	8	8	8	8	8	8	8	9	11	11	11	11	11	11	11	11	11	11	11	11	197
화학	31	31	31	34	34	34	34	37	45	46	47	47	47	47	47	47	47	47	47	47	827
의약품	11	10	10	11	12	12	13	15	17	17	17	17	17	17	17	17	17	17	17	17	298
비금속 광물제품	9	9	9	9	9	9	11	14	15	15	15	15	15	15	15	15	15	15	15	15	259
철강, 금속	8	8	8	9	9	9	11	18	20	23	25	25	25	25	25	25	25	25	25	25	373
기계	5	5	5	5	6	7	9	12	17	17	17	17	17	17	17	17	17	17	17	17	258
전기, 전자	4	4	4	7	8	9	15	25	38	41	41	41	41	41	41	41	41	41	41	41	565
운수장비	0	0	0	0	0	1	4	9	13	16	17	17	17	17	17	17	17	17	17	17	213
유통업	0	0	0	0	0	2	3	8	16	19	21	21	21	21	21	21	21	21	21	21	258
운수 창고업	0	0	0	0	0	1	1	2	6	7	8	8	8	8	8	8	8	8	8	8	97
기타 제조업	0	0	0	0	0	0	0	1	4	6	6	6	6	6	6	6	6	6	6	6	71
합 계	113	112	112	120	123	129	146	190	242	258	266	266	266	266	266	266	266	266	266	266	4,205

본 연구에서 사용되는 임원보상변수 중 1997년 이전 자료와 그 외 재무자료 및 주식수익률 자료는 한국신용평가(주)에서 제공하는 KIS-FAS와 KIS-SMAT으로부터 구하였다. 그리고 임원보상변수 중 1998년부터 2000년까지의 자료들은 금융감독원의 전자공시시스템을 이용하였다. 현금흐름과 관련된 변수는 1994년 이전에 대해서만 식 (5-1)과 같은 조작적 정의[33]를 통해 구하였고, 1994년부터는 현금흐름표로부터 직접 구하였다.[34]

$$CFO_{i,t} = WCFO_{i,t} - [(\Delta CA_{i,t} - \Delta CASH_{i,t}) - (\Delta CL_{i,t} - \Delta CLTL_{i,t})]$$

$$\cdots\cdots (5-1)$$

위 식에서

$WCFO_{i,t}$=i 기업의 t기의 영업활동으로부터 조달된 운전자본

$\Delta CA_{i,t}$=i 기업의 t기의 유동자산의 변화

$\Delta CASH_{i,t}$=i 기업의 t기의 현금예금의 변화

$\Delta CL_{i,t}$=i 기업의 t기의 유동부채의 변화

$\Delta CLTL_{i,t}$=i 기업의 t기의 유동성 장기부채의 변화를 나타낸다.

20년간의 시계열 자료를 사용하는 데 있어 물가수준을 감안하지 않으면 통계결과를 해석하기가 용이하지 않다. 따라서 본 연구에서는 한국통계청에서 발표한 소비자 물가지수를 이용하여 2000년 기준으로 환산한 재무자료와 수익률 자료를 분석에 활용하였다.

각 변수들의 통계량은 분석대상기간인 1980년부터 2000년까지 266개

---

33) 본 연구에서는 최종서(1998)의 연구와 동일한 현금흐름 측정방법을 선택하였다.
34) 우리나라의 경우 현금흐름표는 1994년부터 기본 재무제표에 포함되어 작성되고 있다.

기업의 4,205개의 기업 - 연도 관찰치로 구성된 전체표본을 대상으로 하여 계산된 값이다. 수준변수를 제외한 비율변수와 변화변수는 1981년부터 생성시킬 수 있으므로 1980년 자료를 포함되어 있지 않다. 전체표본은 통계청에서 발표한 2000년 소비자물가지수를 기준으로 모든 연도의 자료를 환산한 후 통계량을 측정하였다.

ERC를 추정하는 모형에 사용된 변수 중 시장조정 누적수익률(XRET)의 경우 표준편차가 3,358.83으로 매우 크게 분포함을 알 수 있다. 그에 반해 산업조정 누적수익률(IRET)은 안정적인 분포를 보이고 있다. IRET는 개별 기업의 주식수익률은 그 기업이 속한 산업의 움직임에 직접적으로 영향을 많이 받는다는 가정하에서 산업효과를 1차적으로 통제하였기 때문에 분포가 보다 안정적인 구조를 가지는 것으로 보인다. 회계이익변수로 고려된 $\Delta EARN1$, $\Delta EARN2$, $\Delta ROE1$, $\Delta ROE2$는 변수의 정의상 1차 차분의 형태로 사용하였으므로 변수의 크기가 크지 않다. 특히 $\Delta EARN1$, $\Delta EARN2$는 기초지분의 시장가치로 나누어 산출하였으므로 변수값이 매우 작다. 그러나 〈표 5-3〉에서 보는 바와 같이 회계이익변수들은 통계적으로 의심할만한 분포는 아니다. 오히려 $\Delta ROE1$, $\Delta ROE2$ 등은 거의 정규분포를 이루고 있다.

CERC를 추정하는 모형에 사용된 보상변수를 살펴보면, 임원 현금보상의 변화율(COMP1)보다는 임원 현금보상의 자연대수값(COMP2)이 보다 안정적인 분포를 이루고 있다. 이것은 로그변수의 특성이 반영되었기 때문이다.

회계이익을 현금흐름과 발생조정으로 구분한 분리모형에서의 변수의 특징을 살펴보면, 당기순이익에서 현금흐름을 조정한 발생조정변수($\Delta ACC2$)가 경상이익에서 현금흐름을 조정한 발생조정변수($\Delta ACC1$)나 현금흐름변수(ΔCFO)에 비해 표준편차가 큰 분포를 이루고 있음을 알 수 있다.

<표 5-3> 기술통계량

모 형	변수명	평균값	표준편차	최소값	중위수	최대값
ERC추정	XRET	52.39268	3,358.83	-2.26765	0.153789	216,038.7
	IRET	0.082119	0.94508	-8.24261	0.1119	7.57727
	$\mathit{\Delta}$EARN1	2.83×10^{-4}	0.00565	-0.07912	8.67×10^{-6}	0.24619
	$\mathit{\Delta}$EARN2	7.47×10^{-4}	0.02393	-0.1429	5.45×10^{-6}	1.40256
	$\mathit{\Delta}$ROE1	-0.002398	5.25032	-200.334	0.00893	199.6608
	$\mathit{\Delta}$ROE2	0.01848	5.9965	-227.433	-0.0067	226.512
CERC추정	COMP1	0.20825	0.6497	-0.9959	0.1567	24.8278
	COMP2	16.4088	1.1031	11.3311	16.4242	20.4977
	RET	0.201572	0.65975	-1.0	0.12991	7.61257

주) $XRET_{i,t} = \prod_{\tau=1}^{12}(1+M_{i,\tau})-1$: i기업의 t년도 시장조정주식수익률

$M_{i,\tau} = R_{i,\tau} - R_{m,\tau}$: i기업의 τ월 시장조정 초과수익률

$R_{i,\tau}$는 i기업의 τ월 개별주식수익률, $R_{m,\tau}$는 시장의 τ월 지수증감률

$IRET_{i,t} = \prod_{\tau=1}^{12}(1+N_{i,\tau})-1$: i기업의 t년도 산업지수조정수익률

$N_{i,\tau} = R_{i,\tau} - R_{I,\tau}$: i기업의 τ월 산업조정 초과수익률

$R_{I,\tau}$는 i기업이 속한 산업 I의 τ월 지수증감률

$\mathit{\Delta}EARN1_{i,t}$: i기업의 $\left[\dfrac{(경상이익)_t - (경상이익)_{t-1}}{t년도\ 기초지분의\ 시장가치}\right]$

$\mathit{\Delta}EARN2_{i,t}$: i기업의 $\left[\dfrac{(당기순이익)_t - (당기순이익)_{t-1}}{t년도\ 기초지분의\ 시장가치}\right]$

$\mathit{\Delta}ROE1_{i,t}$: i기업의 $(자기자본경상이익률)_t - (자기자본경상이익률)_{t-1}$

$\mathit{\Delta}ROE2_{i,t}$: i기업의 $(자기자본당기순이익률)_t - (자기자본당기순이익률)_{t-1}$

$COMP1_{i,t} = \dfrac{COMP_t - COMP_{t-1}}{COMP_{t-1}}$: i기업 t년도 임원 현금보상의 변화율

$COMP2_{i,t} = \ln(현금보상)$: i기업 t년도 임원 현금보상의 자연대수값

$RET_{i,t}$: i기업의 t년도 주식수익률을 나타낸다.

모 형	변수명	평균값	표준편차	최소값	중위수	최대값
현금흐름 및 발생조정	ΔCFO	1.32×10^{-4}	0.00248	-0.0197	1.7×10^{-6}	0.1185
	$\Delta ACC1$	-4.5×10^{-5}	0.00397	-0.1325	9.47×10^{-6}	0.0798
	$\Delta ACC2$	-2.3×10^{-4}	0.01031	-0.3839	1.14×10^{-5}	0.2614
비기대 보상 추정 외	UCOMP11	0.0000425	0.60896	-1.17015	-0.0600685	24.59339
	UCOMP12	0.0001068	0.60892	-1.16972	-0.0604939	24.5935
	UCOMP21	-0.0000986	0.59772	-4.02005	0.00514157	3.27572
	UCOMP22	-1.8×10^{-6}	0.59773	-4.02	0.0049922	3.27579
	lnS	22.2154	1.5503	16.2589	22.1577	28.3161

주) $\Delta CFO_{i,t}$=i기업의 $\left[\dfrac{(\text{현금흐름})_t-(\text{현금흐름})_{t-1}}{t\text{년도 기초지분의 시장가치}}\right]$

$\Delta ACC1_{i,t}$=i기업의 $\left[\dfrac{(\text{경상이익}-\text{현금흐름})_t-(\text{경상이익}-\text{현금흐름})_{t-1}}{t\text{년도 기초지분의 시장가치}}\right]$

$\Delta ACC2_{i,t}$=i기업의 $\left[\dfrac{(\text{당기순이익}-\text{현금흐름})_t-(\text{당기순이익}-\text{현금흐름})_{t-1}}{t\text{년도 기초지분의 시장가치}}\right]$

$COMP1_{i,t}=\dfrac{COMP_t-COMP_{t-1}}{COMP_{t-1}}$: i기업 t년도 임원 현금보상의 변화율

$COMP2_{i,t}=\ln(\text{현금보상})$: i기업 t년도 임원 현금보상의 자연대수값

$UCOMP11_{i,t}=COMP1_{i,t}-[\hat{\beta}_0+\hat{\beta}_1 RET_{i,t}+\hat{\beta}_2\Delta ROE1_{i,t}+\hat{\beta}_3\ln S_{i,t}]$

$UCOMP12_{i,t}=COMP1_{i,t}-[\hat{\beta}_0+\hat{\beta}_1 RET_{i,t}+\hat{\beta}_2\Delta ROE2_{i,t}+\hat{\beta}_3\ln S_{i,t}]$

$UCOMP21_{i,t}=COMP2_{i,t}-[\hat{\beta}_0+\hat{\beta}_1 RET_{i,t}+\hat{\beta}_2\Delta ROE1_{i,t}+\hat{\beta}_3\ln S_{i,t}]$

$UCOMP22_{i,t}=COMP2_{i,t}-[\hat{\beta}_0+\hat{\beta}_1 RET_{i,t}+\hat{\beta}_2\Delta ROE2_{i,t}+\hat{\beta}_3\ln S_{i,t}]$

$\ln S_{i,t}$: i기업의 t년도 매출액의 자연대수값을 나타낸다.

비기대 보상을 추정하는 모형에서 UCOMP11과 UCOMP12는 분포의 정규성에 의심이 가는 분포를 보이고 있다. 따라서 비기대 보상의 역할을 검증하는 분석모형에서 UCOMP11과 UCOMP12가 사용되는 연구모형의 결과를 해석함에 있어서는 주의가 필요하다. 반면 UCOMP21과 UCOMP22는 임원 현금보상의 자연대수값을 이용하여 산출된 값이므로 안정적인 분포를 이루고 있다. 규모통제변수인 lnS 역시 안정된 분포를

보이고 있어 연구모형을 설정함에 있어 별무리가 없을 것으로 여겨진다.

　본 연구의 실증분석에 사용되는 변수들의 기술통계량은 〈표 5-3〉에서 자세히 나타내고 있다.

5.2. 회계이익의 정보유용성에 대한 실증분석결과

　본 절에서는 회계이익의 정보유용성에 대한 실증분석결과를 살펴보고자 한다.

5.2.1. 회계이익의 가치평가 정보력과 수탁책임정보력 사이의 관련성

　회계이익의 기업가치평가 정보력과 수탁책임 정보력의 관련성을 확인하기 위하여 기업별 시계열 모형으로 회귀분석한 후, 식 (4-1)과 식 (4-2)를 통하여 변수정의별로 얻은 ERC의 계수값과 식 (4-3)과 식 (4-4)를 이용한 변수정의별 CERC의 계수값 간의 상관관계분석을 실시하였다.

　상관관계분석에 앞서 통합자료(pooled data)를 이용한 연도별 ERC와 CERC의 추이에 대한 분석자료가 〈그림 5-1〉에서 〈그림 5-4〉에 나타나 있다. 〈그림 5-1〉은 회계정보의 가치관련성인 ERC의 변화를 나타낸 것으로 식 (4-1)을 변수정의별로 회귀시켜 얻은 결과이며, 〈그림 5-2〉는 식 (4-2)를 통한 변수정의별 ERC의 20년 추세변화를 보여주고 있다. 〈그림 5-1〉에서 시장조정 누적수익률(XRET)과 회계이익 간의 관련성에 대한 20년 시계열추세를 살펴보는 연도별 ERC(1)을 보면

ERC가 감소추세에 있음을 확인할 수 있다. 특히 1987년의 경우 ERC가 급격히 감소하였다. 이는 선행연구(한봉희(1998a))와 유사한 결과를 보여주는 것으로, 당시 우리나라가 사회적으로 혼란한 시기(민주화투쟁의 정점에서 6·29선언으로 이어지던 시기이다)여서 경제적으로도 기업의 경영악화가 심화되었기 때문이 아닌가 여겨진다. 〈그림 5-2〉의 연도별 ERC(3)에서도 비슷한 양상을 보이고 있다. 그런데, 분석기간과 종속변수가 동일함에도 불구하고 독립변수를 다르게 사용한 경우(〈그림 5-1〉의 연도별 ERC(2)와 〈그림 5-2〉의 연도별 ERC(4))에 있어서는 회계이익과 가치관련성 간의 별다른 추세를 발견할 수 없었다.

<그림 5-1> ERC 변화: 시장조정누적수익률(XRET)을 사용하는 경우

연도별 ERC(1): $XRET_{i,t} = a_0 + a_1 \Delta EARN_{i,t} + \varepsilon_{i,t}$

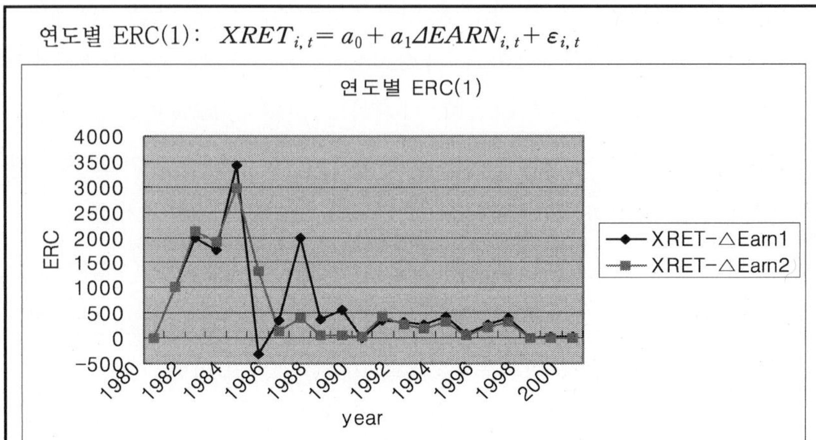

주) 위 식에서 독립변수는 2가지로 정의된다.

$\Delta EARN1_{i,t}$: i기업의 $\left[\dfrac{(경상이익)_t - (경상이익)_{t-1}}{t년도\ 기초지분의\ 시장가치} \right]$

$\Delta EARN2_{i,t}$: i기업의 $\left[\dfrac{(당기순이익)_t - (당기순이익)_{t-1}}{t년도\ 기초지분의\ 시장가치} \right]$

연도별 ERC(2): $XRET_{i,t} = a_0 + a_1 \Delta EARN_{i,t} + \varepsilon_{i,t}$

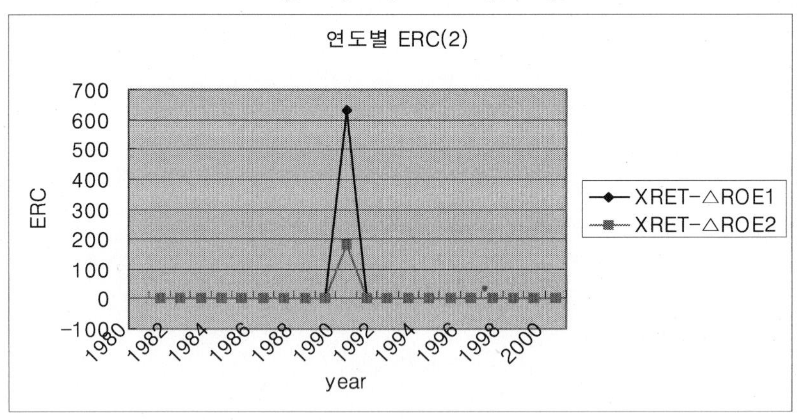

주) 위 식에서 독립변수는 2가지로 정의된다.

$\Delta ROE1_{i,t}$: i기업의 $(자기자본경상이익률)_t - (자기자본경상이익률)_{t-1}$

$\Delta ROE2_{i,t}$: i기업의 $(자기자본당기순이익률)_t - (자기자본당기순이익률)_{t-1}$

<그림 5-2> ERC 변화: 산업조정 누적수익률(IRET)을 사용하는 경우

연도별 ERC(3): $IRET_{i,t} = a_0 + a_1 \Delta EARN_{i,t} + \varepsilon_{i,t}$

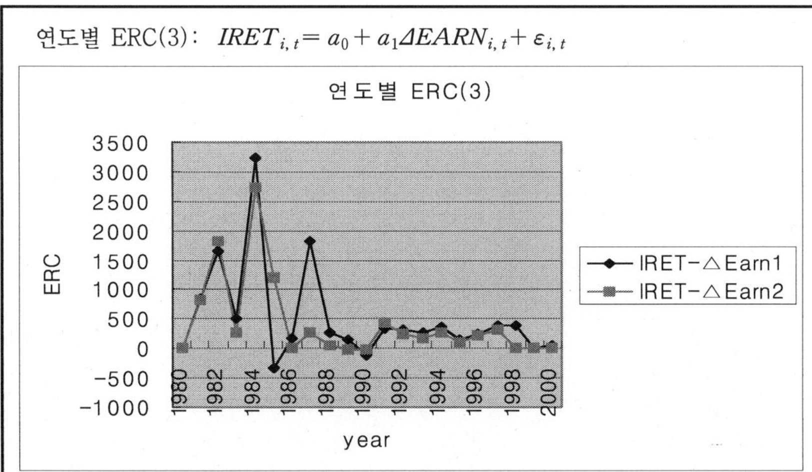

주) 위 식에서 독립변수는 2가지로 정의된다.

$\Delta EARN1_{i,t}$: i기업의 $\left[\dfrac{(경상이익)_t - (경상이익)_{t-1}}{t년도\ 기초지분의\ 시장가치} \right]$

$\Delta EARN2_{i,t}$: i기업의 $\left[\dfrac{(당기순이익)_t - (당기순이익)_{t-1}}{t년도\ 기초지분의\ 시장가치} \right]$

연도별 ERC(4): $IRET_{i,t} = a_0 + a_1 \Delta EARN_{i,t} + \varepsilon_{i,t}$

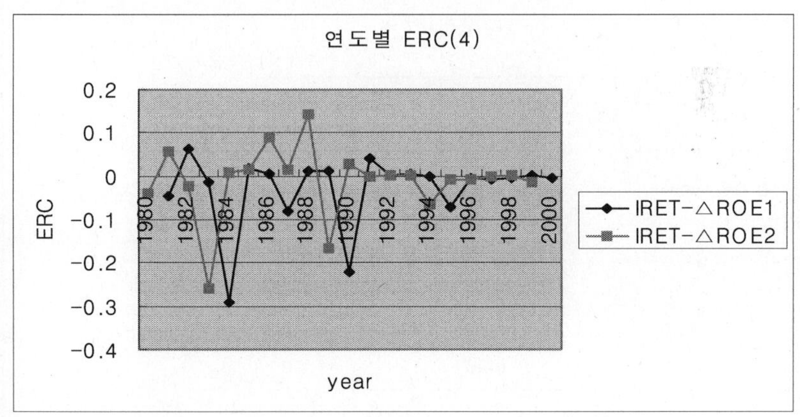

주) 위 식에서 독립변수는 2가지로 정의된다.

$\Delta ROE1_{i,t}$: i기업의 $(자기자본경상이익률)_t - (자기자본경상이익률)_{t-1}$

$\Delta ROE2_{i,t}$: i기업의 $(자기자본당기순이익률)_t - (자기자본당기순이익률)_{t-1}$

<그림 5-3> CERC 변화: 현금보상비율(COMP1)을 사용하는 경우

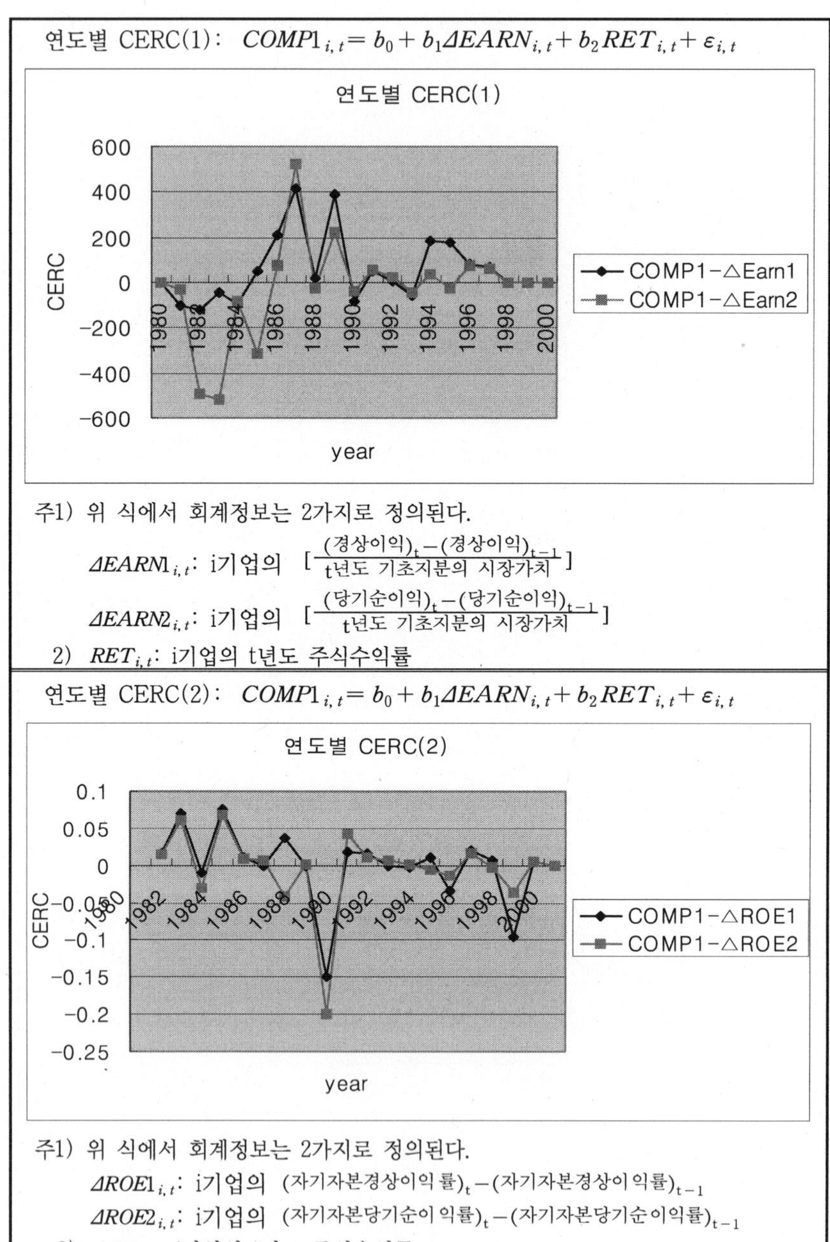

주1) 위 식에서 회계정보는 2가지로 정의된다.

$\Delta EARN1_{i,t}$: i기업의 $\left[\dfrac{(경상이익)_t - (경상이익)_{t-1}}{t년도\ 기초지분의\ 시장가치} \right]$

$\Delta EARN2_{i,t}$: i기업의 $\left[\dfrac{(당기순이익)_t - (당기순이익)_{t-1}}{t년도\ 기초지분의\ 시장가치} \right]$

2) $RET_{i,t}$: i기업의 t년도 주식수익률

주1) 위 식에서 회계정보는 2가지로 정의된다.

$\Delta ROE1_{i,t}$: i기업의 $(자기자본경상이익률)_t - (자기자본경상이익률)_{t-1}$

$\Delta ROE2_{i,t}$: i기업의 $(자기자본당기순이익률)_t - (자기자본당기순이익률)_{t-1}$

2) $RET_{i,t}$: i기업의 t년도 주식수익률

<그림 5-4> CERC 변화: 현금보상의 자연대수값(COMP2)을 사용하는 경우

연도별 CERC(3): $COMP2_{i,t} = b_0 + b_1 \Delta EARN_{i,t} + b_2 RET_{i,t} + \varepsilon_{i,t}$

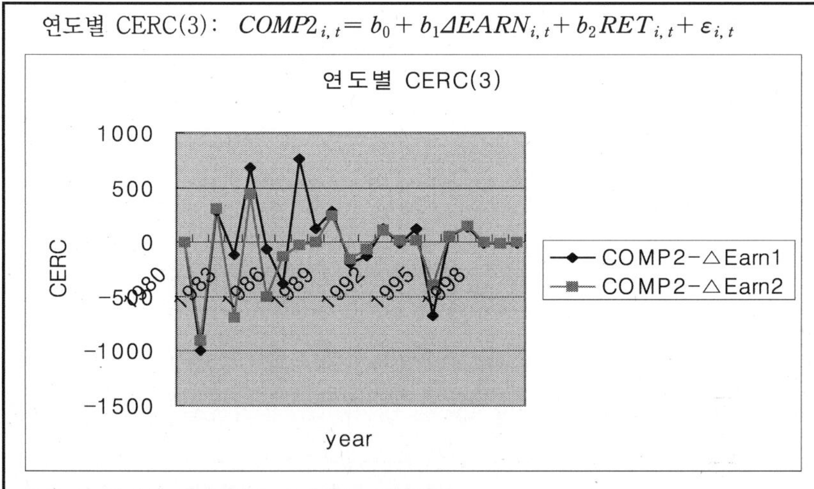

주1) 위 식에서 회계정보는 2가지로 정의된다.

$\Delta EARN1_{i,t}$: i기업의 $\left[\dfrac{(경상이익)_t - (경상이익)_{t-1}}{t년도\ 기초지분의\ 시장가치} \right]$

$\Delta EARN2_{i,t}$: i기업의 $\left[\dfrac{(당기순이익)_t - (당기순이익)_{t-1}}{t년도\ 기초지분의\ 시장가치} \right]$

2) $RET_{i,t}$: i기업의 t년도 주식수익률

연도별 CERC(4): $COMP2_{i,t} = b_0 + b_1 \Delta EARN_{i,t} + b_2 RET_{i,t} + \varepsilon_{i,t}$

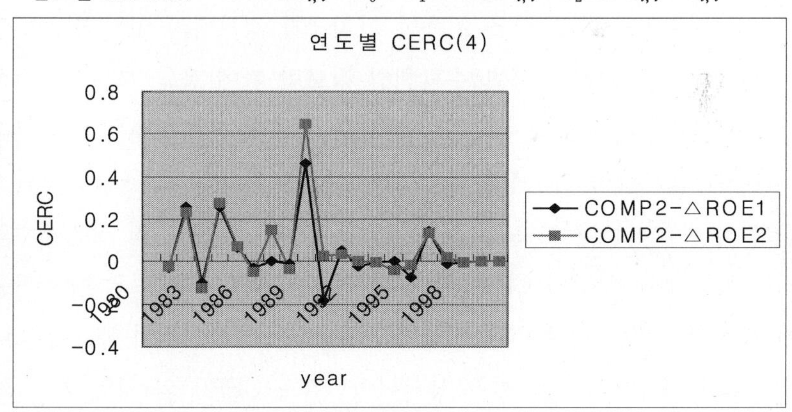

주1) 위 식에서 회계정보는 2가지로 정의된다.

$\Delta ROE1_{i,t}$: i기업의 $(자기자본경상이익률)_t - (자기자본경상이익률)_{t-1}$

$\Delta ROE2_{i,t}$: i기업의 $(자기자본당기순이익률)_t - (자기자본당기순이익률)_{t-1}$

2) $RET_{i,t}$: i기업의 t년도 주식수익률

〈그림 5-3〉은 회계이익의 수탁책임 정보력을 추론할 수 있는 CERC의 변화를 나타낸 것으로 식 (4-3)을 변수정의별로 회귀시켰으며, 〈그림 5-4〉는 식 (4-4)를 변수정의별로 회귀시켜 얻은 CERC의 시계열 추세를 보여주고 있다. 앞서 살펴본 ERC와는 달리 CERC의 경우에는 연도별 추이에 뚜렷한 패턴을 보이지 않고 있다.

회계이익의 가치평가 정보력과 수탁책임 정보력 간의 상관관계에 대한 분석은 〈표 5-4〉에서 나타내고 있다. 전체적으로 ERC와 CERC의 상관관계가 양(+)의 부호를 보이고는 있으나, 유의수준이 거의 없다.

ERC와 CERC의 상관관계분석에서 특이한 것은 극단적으로 음(−)의 유의성을 나타낸 경우와 극단적으로 양(+)의 유의성을 나타낸 경우가 혼재한다는 점이다. 경상이익의 1차 차분을 기초지분의 시장가치로 나눈 회계이익변수($\Delta EARM1$)의 경우 산업조정 누적수익률(IRET)을 이용한 가치평가 정보력과 임원 현금보상의 자연대수값(COMP2)을 이용한 수탁책임 정보력에 있어 강력한 양(+)의 관련성을 보이고 있어 이론과 일치하였다. 그러나 자기자본 경상이익률의 1차 차분 변수($\Delta ROE1$)는 시장조정 누적수익률(XRET)을 이용한 가치평가 정보력과 임원 현금보상의 변화율(COMP1)을 이용한 수탁책임 정보력 간에 음(−)의 유의수준을 나타내고 있다. 기술통계량에서 살펴본 자료의 분포형태를 고려한다면, 후자의 음(−)의 관련성을 논의하기보다는 전자의 양(+)의 유의적인 결과를 수용하는 것이 보다 바람직하다. 그러나 대략적인 상관계수의 유의수준이 낮아 ERC와 CERC의 양자간에 이론적 관계를 완전히 적용시키기에는 미흡한 수준이다. 또한 [가설 1]을 기각시키기에도 부호나 유의수준이 미흡하다. 따라서 보상−이익민감도(CERC)와 기업가치−이익 관련성(ERC)은 양(+)의 관련성을 가질 것이라는 4.1절에 대한 결론은 유보시키기로 한다. 미래에 보다 분석적 모형을 통하여 재분석할 필요가 있다고 여겨진다.

<표 5-4> ERC와 CERC의 상관관계

		CERC							
		COMP1 - ΔEARN1	COMP2 - ΔEARN1	COMP1 - ΔEARN2	COMP2 - ΔEARN2	COMP1 - ΔROE1	COMP2 - ΔROE1	COMP1 - ΔROE2	COMP2 - ΔROE2
E R C	XRET- ΔEARN1	-0.0364 (0.9017)	-0.09778 (0.7395)						
	XRET- ΔEARN2			0.18897 (0.4834)	-0.0472 (0.8622)				
	XRET- ΔROE1					-0.73915 (0.0039)***	0.01674 (0.9547)		
	XRET- ΔROE2							0.40093 (0.197)	0.39436 (0.182)
	IRET- ΔEARN1	0.40408 (0.1927)	0.80431 (0.0016)***						
	IRET- ΔEARN2			0.13969 (0.6650)	-0.1873 (0.5599)				
	IRET- ΔROE1					0.07534 (0.7980)	0.07232 (0.8059)		
	IRET- ΔROE2							0.37152 (0.211)	0.17571 (0.566)

주1) $XRET_{i,t}$: i기업의 t년도 시장조정주식수익률

$IRET_{i,t}$: i기업의 t년도 산업지수조정수익률

$\Delta EARN1_{i,t}$: i기업의 $\left[\dfrac{(경상이익)_t - (경상이익)_{t-1}}{t년도 \ 기초지분의 \ 시장가치} \right]$

$\Delta EARN2_{i,t}$: i기업의 $\left[\dfrac{(당기순이익)_t - (당기순이익)_{t-1}}{t년도 \ 기초지분의 \ 시장가치} \right]$

$\Delta ROE1_{i,t}$: i기업의 $(자기자본경상이익률)_t - (자기자본경상이익률)_{t-1}$

$\Delta ROE2_{i,t}$: i기업의 $(자기자본당기순이익률)_t - (자기자본당기순이익률)_{t-1}$

$COMP1_{i,t} = \dfrac{COMP_t - COMP_{t-1}}{COMP_{t-1}}$: i기업 t년도 임원 현금보상의 변화율

$COMP2_{i,t} = \ln(현금보상)$: i기업 t년도 임원 현금보상의 자연대수값을 나타낸다.

2) ***은 유의수준 1%에서 유의적임. ( )안은 t-통계량

5.2.2. 회계이익의 가치평가와 수탁책임 정보력의 시계열변화

회계이익의 가치평가 정보력이 시계열적으로 그 유용성이 어떻게 변화하였는가에 대한 실증분석 결과는 〈표 5-5〉에 나타내었다.

〈표 5-5〉는 회계이익의 가치평가 정보력의 시계열 변화를 확인할 수 있는데 이를 살펴보면 다음과 같다. 회계이익의 가치평가 정보력을 변수정의별로 식 (4-5)와 식 (4-6)을 각각 회귀시켜 구한 ERC를 식 (4-11)과 같이 다시 연도(year)로 회귀시킨 결과, 회계이익의 가치평가 정보력은 시계열적으로 유의적인 음(−)의 변화를 보여주고 있다. 시장조정 누적수익률과 산업조정 누적수익률에 대해서 모두 회계이익의 가치관련성이 저하되고 있음을 알 수 있다. 이는 회계이익의 가치평가 정보력은 시계열적으로 감소하였을 것이라는 사실을 반증하는 것으로 해석할 수 있다. 전체 연구모형에 대해서 모두 예상부호와 유의적인 통계량을 보이진 않지만, 본 연구에서 확인하고자 하는 것은 회계이익의 가치관련성이 시계열적으로 감소하는가에 있는 것이지, 어떤 모형이 보다 타당한가를 추론하는 데 있지 않다.

회계이익의 수탁책임 정보력이 시계열적으로 그 유용성이 어떻게 변화하였는가에 대한 실증분석 결과는 〈표 5-6〉에 나타나 있다. 회계이익의 수탁책임 정보력을 변수정의별로 식 (4-7)과 식 (4-8)을 각각 회귀시켜 구한 CERC를 다시 식 (4-12)와 같이 연도(year)로 회귀시킨 결과, 全모형에 걸쳐서 비유의적으로 나타났다. 이는 회계이익의 수탁책임 정보력에 시계열 변화를 예측할 수 없음을 의미한다. 수탁책임 정보력에 대한 모형 8가지 중 총 5개의 모형에서 예상부호를 얻을 수 있었으나, 시계열 변화를 단정지을 만한 유의수준은 아니었다. 따라서 회계이익의 수탁책임 정보력은 시계열적으로 감소하였다고 단언하기는 어렵다.

<표 5-5> 회계이익의 가치평가 정보력의 시계열 변화

	$ERC_t = \zeta_0 + \zeta_1 Year_t + \eta_t$							
	(1)	(2)	(3)	(4)	(5)	(6)	(7)	(8)
절편	192.477 (3.19)***	197.177 (3.87)***	209.72 (0.02)	-1,183 (-0.16)	142.329 (2.25)**	140.275 (2.8)**	-5.641 (-0.62)	-2.977 (-0.43)
Yeart	-96.35 (-3.2)***	-98.76 (-3.9)***	-0.092 (-0.02)	0.5899 (0.16)	-71.23 (-2.24)**	-70.24 (-2.8)**	0.0028 (0.62)	0.00148 (0.43)
F값	10.09	14.91	0.00	0.03	5.01	7.81	0.38	0.18
Adj-R^2	0.3235	0.4227	-0.056	-0.054	0.1743	0.2639	-0.0336	-0.045

주1) $XRET_{i,t}$: i기업의 t년도 시장조정주식수익률

$IRET_{i,t}$: i기업의 t년도 산업지수조정수익률

$$XRET_{i,j,t} = \alpha_0 + \sum_{t=1982}^{2000} \alpha_{1,t} Yr_t + \sum_{j=2}^{13} \alpha_{2,j} Ind_j + \alpha_3 \Delta EARN1_{i,j,t}$$
$$+ \sum_{t=1982}^{2000} \alpha_{4,t} Yr_t \Delta EARN1_{i,j,t} + \sum_{j=2}^{13} \alpha_{5,j} Ind_j \Delta EARN1_{i,j,t} + \varepsilon_{i,j,t} \cdots(1)$$

$$XRET_{i,j,t} = \alpha_0 + \sum_{t=1982}^{2000} \alpha_{1,t} Yr_t + \sum_{j=2}^{13} \alpha_{2,j} Ind_j + \alpha_3 \Delta EARN2_{i,j,t}$$
$$+ \sum_{t=1982}^{2000} \alpha_{4,t} Yr_t \Delta EARN2_{i,j,t} + \sum_{j=2}^{13} \alpha_{5,j} Ind_j \Delta EARN2_{i,j,t} + \varepsilon_{i,j,t} \cdots(2)$$

$$XRET_{i,j,t} = \alpha_0 + \sum_{t=1982}^{2000} \alpha_{1,t} Yr_t + \sum_{j=2}^{13} \alpha_{2,j} Ind_j + \alpha_3 \Delta ROE1_{i,j,t}$$
$$+ \sum_{t=1982}^{2000} \alpha_{4,t} Yr_t \Delta ROE1_{i,j,t} + \sum_{j=2}^{13} \alpha_{5,j} Ind_j \Delta ROE1_{i,j,t} + \varepsilon_{i,j,t} \cdots(3)$$

$$XRET_{i,j,t} = \alpha_0 + \sum_{t=1982}^{2000} \alpha_{1,t} Yr_t + \sum_{j=2}^{13} \alpha_{2,j} Ind_j + \alpha_3 \Delta ROE2_{i,j,t}$$
$$+ \sum_{t=1982}^{2000} \alpha_{4,t} Yr_t \Delta ROE2_{i,j,t} + \sum_{j=2}^{13} \alpha_{5,j} Ind_j \Delta ROE2_{i,j,t} + \varepsilon_{i,j,t} \cdots(4)$$

$$IRET_{i,j,t} = \alpha_0 + \sum_{t=1982}^{2000} \alpha_{1,t} Yr_t + \sum_{j=2}^{13} \alpha_{2,j} Ind_j + \alpha_3 \Delta EARN1_{i,j,t}$$
$$+ \sum_{t=1982}^{2000} \alpha_{4,t} Yr_t \Delta EARN1_{i,j,t} + \sum_{j=2}^{13} \alpha_{5,j} Ind_j \Delta EARN1_{i,j,t} + \varepsilon_{i,j,t} \cdots(5)$$

$$IRET_{i,j,t} = \alpha_0 + \sum_{t=1982}^{2000} \alpha_{1,t} Yr_t + \sum_{j=2}^{13} \alpha_{2,j} Ind_j + \alpha_3 \Delta EARN2_{i,j,t}$$
$$+ \sum_{t=1982}^{2000} \alpha_{4,t} Yr_t \Delta EARN2_{i,j,t} + \sum_{j=2}^{13} \alpha_{5,j} Ind_j \Delta EARN2_{i,j,t} + \varepsilon_{i,j,t} \cdots(6)$$

$$IRET_{i,j,t} = \alpha_0 + \sum_{t=1982}^{2000} \alpha_{1,t} Yr_t + \sum_{j=2}^{13} \alpha_{2,j} Ind_j + \alpha_3 \Delta ROE1_{i,j,t}$$
$$+ \sum_{t=1982}^{2000} \alpha_{4,t} Yr_t \Delta ROE1_{i,j,t} + \sum_{j=2}^{13} \alpha_{5,j} Ind_j \Delta ROE1_{i,j,t} + \varepsilon_{i,j,t} \cdots(7)$$

$$IRET_{i,j,t} = \alpha_0 + \sum_{t=1982}^{2000} \alpha_{1,t} Yr_t + \sum_{j=2}^{13} \alpha_{2,j} Ind_j + \alpha_3 \Delta ROE2_{i,j,t}$$
$$+ \sum_{t=1982}^{2000} \alpha_{4,t} Yr_t \Delta ROE2_{i,j,t} + \sum_{j=2}^{13} \alpha_{5,j} Ind_j \Delta ROE2_{i,j,t} + \varepsilon_{i,j,t} \cdots(8)$$

2) **, ***은 각각 유의수준 5%, 1%에서 유의적임. ( ) 안은 t-통계량

<표 5-6> 회계이익의 수탁책임 정보력의 시계열 변화

| | $CERC_t = \lambda_0 + \lambda_1 Year_t + v_t$ | | | | | | | |
	(1)	(2)	(3)	(4)	(5)	(6)	(7)	(8)
절편	-5,767 (-0.46)	-29,217 (-1.66)	3.324 (0.94)	0.8 (0.18)	5,909.1 (0.23)	-25,512 (-1.29)	7.8873 (0.81)	11.2849 (0.8)
Yeart	2.928 (0.47)	14.664 (1.66)	-0.002 (-0.93)	-0.0004 (-0.18)	-2.9647 (-0.23)	12.781 (1.28)	-0.0039 (-0.81)	-0.00562 (-0.79)
F값	0.22	2.76	0.87	0.03	0.05	1.64	0.65	0.62
Adj-R^2	-0.043	0.0847	-0.007	-0.0537	-0.0523	0.0328	-0.0187	-0.0202

주1) $COMP1_{i,t} = \dfrac{COMP_t - COMP_{t-1}}{COMP_{t-1}}$: i기업 t년도 임원 현금보상의 변화율

$COMP2_{i,t} = \ln(\text{현금보상})$: i기업 t년도 임원 현금보상의 자연대수값

$$COMP1_{i,j,t} = \delta_0 + \sum_{t=1982}^{2000} \delta_{1,t} Yr_t + \sum_{j=2}^{13} \delta_{2,j} Ind_j + \delta_3 \Delta EARN1_{i,j,t}$$
$$+ \sum_{t=1982}^{2000} \delta_{4,t} Yr_t \Delta EARN1_{i,j,t} + \sum_{j=2}^{13} \delta_{5,j} Ind_j \Delta EARN1_{i,j,t} + \delta_6 RET_{i,j,t}$$
$$+ \sum_{t=1982}^{2000} \delta_{7,t} Yr_t RET_{i,j,t} + \sum_{j=2}^{13} \delta_{8,j} Ind_j RET_{i,j,t} + \varepsilon_{i,j,t} \qquad : (1)$$

$$COMP1_{i,j,t} = \delta_0 + \sum_{t=1982}^{2000} \delta_{1,t} Yr_t + \sum_{j=2}^{13} \delta_{2,j} Ind_j + \delta_3 \Delta EARN2_{i,j,t}$$
$$+ \sum_{t=1982}^{2000} \delta_{4,t} Yr_t \Delta EARN2_{i,j,t} + \sum_{j=2}^{13} \delta_{5,j} Ind_j \Delta EARN2_{i,j,t} + \delta_6 RET_{i,j,t}$$
$$+ \sum_{t=1982}^{2000} \delta_{7,t} Yr_t RET_{i,j,t} + \sum_{j=2}^{13} \delta_{8,j} Ind_j RET_{i,j,t} + \varepsilon_{i,j,t} \qquad : (2)$$

$$COMP1_{i,j,t} = \delta_0 + \sum_{t=1982}^{2000} \delta_{1,t} Yr_t + \sum_{j=2}^{13} \delta_{2,j} Ind_j + \delta_3 \Delta ROE1_{i,j,t}$$
$$+ \sum_{t=1982}^{2000} \delta_{4,t} Yr_t \Delta ROE1_{i,j,t} + \sum_{j=2}^{13} \delta_{5,j} Ind_j \Delta ROE1_{i,j,t} + \delta_6 RET_{i,j,t}$$
$$+ \sum_{t=1982}^{2000} \delta_{7,t} Yr_t RET_{i,j,t} + \sum_{j=2}^{13} \delta_{8,j} Ind_j RET_{i,j,t} + \varepsilon_{i,j,t} \qquad : (3)$$

$$COMP1_{i,j,t} = \delta_0 + \sum_{t=1982}^{2000} \delta_{1,t} Yr_t + \sum_{j=2}^{13} \delta_{2,j} Ind_j + \delta_3 \Delta ROE2_{i,j,t}$$
$$+ \sum_{t=1982}^{2000} \delta_{4,t} Yr_t \Delta ROE2_{i,j,t} + \sum_{j=2}^{13} \delta_{5,j} Ind_j \Delta ROE2_{i,j,t} + \delta_6 RET_{i,j,t}$$
$$+ \sum_{t=1982}^{2000} \delta_{7,t} Yr_t RET_{i,j,t} + \sum_{j=2}^{13} \delta_{8,j} Ind_j RET_{i,j,t} + \varepsilon_{i,j,t} \qquad : (4)$$

$$COMP2_{i,j,t} = \delta_0 + \sum_{t=1982}^{2000} \delta_{1,t} Yr_t + \sum_{j=2}^{13} \delta_{2,j} Ind_j + \delta_3 \Delta EARN1_{i,j,t}$$
$$+ \sum_{t=1982}^{2000} \delta_{4,t} Yr_t \Delta EARN1_{i,j,t} + \sum_{j=2}^{13} \delta_{5,j} Ind_j \Delta EARN1_{i,j,t} + \delta_6 RET_{i,j,t}$$
$$+ \sum_{t=1982}^{2000} \delta_{7,t} Yr_t RET_{i,j,t} + \sum_{j=2}^{13} \delta_{8,j} Ind_j RET_{i,j,t} + \varepsilon_{i,j,t} \qquad : (5)$$

$$COMP2_{i,j,t} = \delta_0 + \sum_{t=1982}^{2000} \delta_{1,t} Yr_t + \sum_{j=2}^{13} \delta_{2,j} Ind_j + \delta_3 \Delta EARN2_{i,j,t}$$
$$+ \sum_{t=1982}^{2000} \delta_{4,t} Yr_t \Delta EARN2_{i,j,t} + \sum_{j=2}^{13} \delta_{5,j} Ind_j \Delta EARN2_{i,j,t} + \delta_6 RET_{i,j,t}$$
$$+ \sum_{t=1982}^{2000} \delta_{7,t} Yr_t RET_{i,j,t} + \sum_{j=2}^{13} \delta_{8,j} Ind_j RET_{i,j,t} + \varepsilon_{i,j,t} \qquad : (6)$$

$$COMP2_{i,j,t} = \delta_0 + \sum_{t=1982}^{2000} \delta_{1,t} Yr_t + \sum_{j=2}^{13} \delta_{2,j} Ind_j + \delta_3 \Delta ROE1_{i,j,t}$$
$$+ \sum_{t=1982}^{2000} \delta_{4,t} Yr_t \Delta ROE1_{i,j,t} + \sum_{j=2}^{13} \delta_{5,j} Ind_j \Delta ROE1_{i,j,t} + \delta_6 RET_{i,j,t}$$
$$+ \sum_{t=1982}^{2000} \delta_{7,t} Yr_t RET_{i,j,t} + \sum_{j=2}^{13} \delta_{8,j} Ind_j RET_{i,j,t} + \varepsilon_{i,j,t} \qquad : (7)$$

$$COMP2_{i,j,t} = \delta_0 + \sum_{t=1982}^{2000} \delta_{1,t} Yr_t + \sum_{j=2}^{13} \delta_{2,j} Ind_j + \delta_3 \Delta ROE2_{i,j,t}$$
$$+ \sum_{t=1982}^{2000} \delta_{4,t} Yr_t \Delta ROE2_{i,j,t} + \sum_{j=2}^{13} \delta_{5,j} Ind_j \Delta ROE2_{i,j,t} + \delta_6 RET_{i,j,t}$$
$$+ \sum_{t=1982}^{2000} \delta_{7,t} Yr_t RET_{i,j,t} + \sum_{j=2}^{13} \delta_{8,j} Ind_j RET_{i,j,t} + \varepsilon_{i,j,t} \qquad : (8)$$

2) ( ) 안은 t-통계량

5.2.3. 회계이익의 가치평가 정보력에 있어 현금흐름과 발생조정 정보력의 시계열 변화

회계이익의 기업가치 관련 정보력 감소의 원인에 대한 물음인 현금흐름과 발생조정 정보력에 대한 실증분석 결과는 〈표 5-7〉에 제시되어 있다. 회계이익을 발생조정과 현금흐름으로 분리한 분리모형에서의 기업가치평가 정보력의 시계열 변화를 살펴보면, 〈표 5-7〉에서 보는 바와 같이 현금흐름의 시계열 변화가 음(-)의 유의성을 보이고 있다. 이는 과거 20여 년 동안 기업의 경영성과가 양호하지 못함을 반증하는 것이다. 영업활동을 통한 현금흐름의 창출이 원활하지 못한 데 기인하여 회계이익의 가치평가 정보력이 감소한 것으로 해석할 수 있다. 이는 결국 이익 지속성과 결탁되는 문제이다. 반면, 발생조정은 오히려 시계열 변화의 양(+)의 유의성을 보이고 있다. 발생조정의 가치관련성이 양(+)의 유의성을 띤다는 것은 Dechow(1994)의 주장처럼 경영자가 기업의 미래이익 전망에 대한 사적 정보를 신호하는 수단으로 발생조정이 활용되어 회계이익이 기업성과와 가치를 보다 잘 반영하는 데 일조했다고 해석할 수 있다. 이것은 발생조정이 과거 기간동안 영업활동으로 인한 현금흐름의 감소에도 불구하고 회계시스템상에서 순기능적 역할을 수행했음을 의미한다.

따라서 회계이익의 가치평가 정보력에 있어 현금흐름의 정보력 감소가 시계열적으로 보다 심각한 것으로 해석된다. 반면 회계이익의 가치평가 정보력에 있어 발생조정의 정보력 감소는 시계열적으로 보다 심각하지 않은 것으로 해석할 수 있다. 이러한 결과는 현재 회계정보시스템이 갖고 있는 문제점에도 불구하고 기업의 이해관계자들이 신뢰할만한 정보로 회계이익에 여전히 주목할 필요가 있음을 함의한다.

<표 5-7> 회계이익의 구성요소별 가치평가 정보력의 시계열 변화

	$ACCRC_t = \widehat{a_3} + \widehat{a}_{5,t} + [\sum_{j=2}^{13} \widehat{a}_{6,j}/13]$				$CFORC_t = \widehat{a_4} + \widehat{a}_{7.t} + [\sum_{j=2}^{13} \widehat{a}_{8,j}/13]$			
	$ACCRC_t = \tau_0 + \tau_1 Year_t + u_t$				$CFORC_t = \phi_0 + \phi_1 Year_t + e_t$			
	(1)	(2)	(3)	(4)	(1)	(2)	(3)	(4)
절편	-210,346 (-3.2)***	-244,463 (-4.1)***	-157,750 (-2.27)**	-180,867 (-3.1)***	207,530 (3.08)***	249,861 (4.23)***	148,178 (2.11)*	177,516 (3.0)***
Yeart	105.31 (3.15)***	122.46 (4.05)***	78.9615 (2.26)**	90.58 (3.09)***	-103.88 (-3.1)***	-125.14 (-4.2)***	-74.142 (-2.1)*	-88.87 (-2.99)***
F값	9.91	16.41	5.1	9.54	9.4	17.76	4.41	8.96
Adj-R^2	0.3312	0.4612	0.1854	0.3217	0.3182	0.4822	0.1592	0.3067

주1)

$$XRET_{i,j,t} = \alpha_0 + \sum_{t=2}^{20} \alpha_{1,t} Yr_t + \sum_{j=2}^{13} \alpha_{2,j} Ind_j + \alpha_3 \Delta ACC1_{i,j,t} + \alpha_4 \Delta CFO_{i,j,t}$$
$$+ \sum_{t=2}^{20} \alpha_{5,t} Yr_t \Delta ACC1_{i,j,t} + \sum_{j=2}^{13} \alpha_{6,j} Ind_j \Delta ACC1_{i,j,t}$$
$$+ \sum_{t=2}^{20} \alpha_{7,t} Yr_t \Delta CFO_{i,j,t} + \sum_{j=2}^{13} \alpha_{8,j} Ind_j \Delta CFO_{i,j,t} + \varepsilon_{i,j,t} \quad \cdots (1)$$

$$XRET_{i,j,t} = \alpha_0 + \sum_{t=2}^{20} \alpha_{1,t} Yr_t + \sum_{j=2}^{13} \alpha_{2,j} Ind_j + \alpha_3 \Delta ACC2_{i,j,t} + \alpha_4 \Delta CFO_{i,j,t}$$
$$+ \sum_{t=2}^{20} \alpha_{5,t} Yr_t \Delta ACC2_{i,j,t} + \sum_{j=2}^{13} \alpha_{6,j} Ind_j \Delta ACC2_{i,j,t}$$
$$+ \sum_{t=2}^{20} \alpha_{7,t} Yr_t \Delta CFO_{i,j,t} + \sum_{j=2}^{13} \alpha_{8,j} Ind_j \Delta CFO_{i,j,t} + \varepsilon_{i,j,t} \quad \cdots (2)$$

$$IRET_{i,j,t} = \alpha_0 + \sum_{t=2}^{20} \alpha_{1,t} Yr_t + \sum_{j=2}^{13} \alpha_{2,j} Ind_j + \alpha_3 \Delta ACC1_{i,j,t} + \alpha_4 \Delta CFO_{i,j,t}$$
$$+ \sum_{t=2}^{20} \alpha_{5,t} Yr_t \Delta ACC1_{i,j,t} + \sum_{j=2}^{13} \alpha_{6,j} Ind_j \Delta ACC1_{i,j,t}$$
$$+ \sum_{t=2}^{20} \alpha_{7,t} Yr_t \Delta CFO_{i,j,t} + \sum_{j=2}^{13} \alpha_{8,j} Ind_j \Delta CFO_{i,j,t} + \varepsilon_{i,j,t} \quad \cdots (3)$$

$$IRET_{i,j,t} = \alpha_0 + \sum_{t=2}^{20} \alpha_{1,t} Yr_t + \sum_{j=2}^{13} \alpha_{2,j} Ind_j + \alpha_3 \Delta ACC2_{i,j,t} + \alpha_4 \Delta CFO_{i,j,t}$$
$$+ \sum_{t=2}^{20} \alpha_{5,t} Yr_t \Delta ACC2_{i,j,t} + \sum_{j=2}^{13} \alpha_{6,j} Ind_j \Delta ACC2_{i,j,t}$$
$$+ \sum_{t=2}^{20} \alpha_{7,t} Yr_t \Delta CFO_{i,j,t} + \sum_{j=2}^{13} \alpha_{8,j} Ind_j \Delta CFO_{i,j,t} + \varepsilon_{i,j,t} \quad \cdots (4)$$

2) *, **, ***은 각각 유의수준 10%, 5%, 1%에서 유의적임. ( ) 안은 t-통계량

5.2.4. 회계이익의 수탁책임 정보력에 있어 현금흐름과 발생조정 정보력의 시계열 변화

회계이익의 수탁책임 정보력 감소의 원인에 대한 물음인 현금흐름과 발생조정 정보력에 대한 실증분석 결과는 〈표 5-8〉에 제시되어 있다.

회계이익을 발생조정과 현금흐름으로 분리한 분리모형에서의 수탁책임 정보력의 시계열 변화를 살펴보면, 〈표 5-8〉에서 보는 바와 같이 회계이익의 수탁책임 정보력에 있어서는 현금흐름이나 발생조정 간에 별다른 정보력의 시계열 변화를 포착할 수 없다. 한 가지 모형(1)에 대해서만 회계이익의 가치관련성과 유사한 해석을 할 수 있을 뿐이다. 즉 수탁책임 정보력의 시계열 변화 역시 현금흐름의 감소가 보다 심각하였으며, 상대적으로 발생조정은 수탁책임에 대한 정보력이 증가하였음을 의미한다.

따라서 회계이익의 수탁책임 정보력에 있어 현금흐름의 정보력 감소가 시계열적으로 보다 심각할 것이라는 의구심은 일부모형에 대해서 부분적으로 지지되는 것으로 해석할 수 있다. 반면 회계이익의 수탁책임 정보력에 있어 발생조정의 정보력 감소는 시계열적으로 보다 심각하지 않는 것으로 여겨진다.

<표 5-8> 회계이익의 구성요소별 수탁책임 정보력의 시계열 변화

| | $CACCRC_t = \hat{a}_3 + \hat{a}_{5.t} + [\sum_{j=2}^{13} \hat{a}_{6,j}/13]$ | | | | $CCFORC_t = \hat{a}_4 + \hat{a}_{7.t} + [\sum_{j=2}^{13} \hat{a}_{8,j}/13]$ | | | |
| | $CACCRC_t = \xi_0 + \xi_1 Year_t + u_t$ | | | | $CCFORC_t = \psi_0 + \psi_1 Year_t + e_t$ | | | |
	(1)	(2)	(3)	(4)	(1)	(2)	(3)	(4)
절편	-24,593 (-2.27)**	287,83 (1.23)	-7,842.4 (-0.4)	46,417 (1.14)	415,22 (3.25)***	-8,450.2 (-0.32)	28,541 (1.05)	-25,953 (-0.55)
Yeart	12.293 (2.26)**	-14.435 (-1.22)	3.96 (0.4)	-23.25 (-1.14)	-20.77 (-3.24)***	4.266 (0.33)	-14.32 (-1.05)	13.008 (0.55)
F값	5.12	1.5	0.16	1.3	10.5	0.11	1.11	0.3
Adj-R^2	0.1861	0.027	-0.0488	0.0165	0.3455	-0.0522	0.0058	-0.0404

주1)

$$COMP1_{i,j,t} = \delta_0 + \sum_{t=1982}^{2000} \delta_{1,t} Yr_t + \sum_{j=2}^{13} \delta_{2,j} Ind_j + \delta_3 \Delta ACC1_{i,j,t} + \delta_4 \Delta CFO_{i,j,t}$$
$$+ \sum_{t=1982}^{2000} \delta_{5,t} Yr_t \Delta ACC1_{i,j,t} + \sum_{j=2}^{13} \delta_{6,j} Ind_j \Delta ACC1_{i,j,t}$$
$$+ \sum_{t=1982}^{2000} \delta_{7,t} Yr_t \Delta CFO_{i,j,t} + \sum_{j=2}^{13} \delta_{8,j} Ind_j \Delta CFO_{i,j,t}$$
$$+ \delta_9 RET_{i,j,t} + \sum_{t=1982}^{2000} \delta_{10,t} Yr_t RET_{i,j,t} + \sum_{j=2}^{13} \delta_{11,j} Ind_j RET_{i,j,t} + \varepsilon_{i,j,t} \quad \cdots (1)$$

$$COMP1_{i,j,t} = \delta_0 + \sum_{t=1982}^{2000} \delta_{1,t} Yr_t + \sum_{j=2}^{13} \delta_{2,j} Ind_j + \delta_3 \Delta ACC2_{i,j,t} + \delta_4 \Delta CFO_{i,j,t}$$
$$+ \sum_{t=1982}^{2000} \delta_{5,t} Yr_t \Delta ACC2_{i,j,t} + \sum_{j=2}^{13} \delta_{6,j} Ind_j \Delta ACC2_{i,j,t}$$
$$+ \sum_{t=1982}^{2000} \delta_{7,t} Yr_t \Delta CFO_{i,j,t} + \sum_{j=2}^{13} \delta_{8,j} Ind_j \Delta CFO_{i,j,t}$$
$$+ \delta_9 RET_{i,j,t} + \sum_{t=1982}^{2000} \delta_{10,t} Yr_t RET_{i,j,t} + \sum_{j=2}^{13} \delta_{11,j} Ind_j RET_{i,j,t} + \varepsilon_{i,j,t} \quad \cdots (2)$$

$$COMP2_{i,j,t} = \delta_0 + \sum_{t=1982}^{2000} \delta_{1,t} Yr_t + \sum_{j=2}^{13} \delta_{2,j} Ind_j + \delta_3 \Delta ACC1_{i,j,t} + \delta_4 \Delta CFO_{i,j,t}$$
$$+ \sum_{t=1982}^{2000} \delta_{5,t} Yr_t \Delta ACC1_{i,j,t} + \sum_{j=2}^{13} \delta_{6,j} Ind_j \Delta ACC1_{i,j,t}$$
$$+ \sum_{t=1982}^{2000} \delta_{7,t} Yr_t \Delta CFO_{i,j,t} + \sum_{j=2}^{13} \delta_{8,j} Ind_j \Delta CFO_{i,j,t}$$
$$+ \delta_9 RET_{i,j,t} + \sum_{t=1982}^{2000} \delta_{10,t} Yr_t RET_{i,j,t} + \sum_{j=2}^{13} \delta_{11,j} Ind_j RET_{i,j,t} + \varepsilon_{i,j,t} \quad \cdots (3)$$

$$COMP2_{i,j,t} = \delta_0 + \sum_{t=1982}^{2000} \delta_{1,t} Yr_t + \sum_{j=2}^{13} \delta_{2,j} Ind_j + \delta_3 \Delta ACC2_{i,j,t} + \delta_4 \Delta CFO_{i,j,t}$$
$$+ \sum_{t=1982}^{2000} \delta_{5,t} Yr_t \Delta ACC2_{i,j,t} + \sum_{j=2}^{13} \delta_{6,j} Ind_j \Delta ACC2_{i,j,t}$$
$$+ \sum_{t=1982}^{2000} \delta_{7,t} Yr_t \Delta CFO_{i,j,t} + \sum_{j=2}^{13} \delta_{8,j} Ind_j \Delta CFO_{i,j,t}$$
$$+ \delta_9 RET_{i,j,t} + \sum_{t=1982}^{2000} \delta_{10,t} Yr_t RET_{i,j,t} + \sum_{j=2}^{13} \delta_{11,j} Ind_j RET_{i,j,t} + \varepsilon_{i,j,t} \quad \cdots (4)$$

2) *, **, ***은 각각 유의수준 10%, 5%, 1%에서 유의적임. ( ) 안은 t-통계량

5.2.5. 회계이익의 가치평가 정보력과 수탁책임 정보력의 시계열 변화에 대한 검증결과

한편, 〈표 5-3〉과 〈표 5-4〉를 비교해 보면 회계이익의 상대적 정보력의 시계열 변화를 검증할 수 있다. 즉 회계이익의 가치평가 정보력의 시계열 변화와 수탁책임 정보력의 시계열 변화의 크기가 상이할 것이라는 예상을 확인할 수 있다. 이는 회계이익이 담당하는 두 정보력의 상대적 크기와 방향이 관심의 대상이었는데, 예상한 결과가 도출되었다. 〈표 5-3〉에서 보는 바와 같이 회계이익의 가치평가 정보력의 시계열 변화는 통계적 유의성이 존재하지만, 〈표 5-4〉에 나타난 것처럼 회계이익의 수탁책임 정보력의 시계열 변화는 통계적 유의성이 없으므로 두 추정치를 표준화시키지 않고 직접 비교해석해도 무방하다. 즉, 비록 회계이익의 가치평가 정보력의 시계열 변화가 감소한다 할지라도 회계이익의 수탁책임 정보력 역시 동일한 비율로 감소하지는 않는다는 것이다. 이는 회계이익의 역할 간 정보력에 차이가 존재함을 의미한다. 회계이익은 상이한 역할을 담당하기 때문에 일방의 역할에 있어 정보력 저하가 다른 일방의 역할에 대한 정보력을 같은 가중치로 감소시키지 않음을 의미한다. 따라서 회계이익의 가치평가 정보력의 시계열 변화가 수탁책임 정보력의 시계열 변화보다 크다는 결론을 내릴 수 있다. 이는 회계이익의 기업가치 관련 정보력은 시계열적으로 회의적일 수 있으나, 경영자 투입노력에 대한 정보력이나 위험분담 역할 측면에서의 효율성은 여전히 기대할 만한 것으로 해석할 수 있다.

5.2.6. 비기대 보상의 역할에 대한 실증분석결과

〈표 5-9〉는 비기대 보상의 역할을 분석하기에 앞서 기대보상의 추정 결과를 보여주고 있다. 기대보상은 제4장의 연구모형에서 설정한 식 (4-31)을 이용하였다. 비기대 보상은 실제보상에서 기대보상을 차감한 것으로 구할 수 있다.

<표 5-9> 기대보상의 추정

	종속변수			
	$COMP1_t$	$COMP1_t$	$COMP2_t$	$COMP2_t$
절편	-0.00283 (-0.02)	-0.00118 (-0.01)	4.96472 (30.64)***	4.96489 (30.64)***
RET_t	-0.00621 (-0.38)	-0.00616 (-0.38)	-0.12764 (-8.31)***	-0.12776 (-8.32)***
$\Delta ROE1_t$	0.0023 (1.14)		-0.0007705 (-0.43)	
$\Delta ROE2_t$		0.00224 (1.34)		0.00013131 (0.09)
$\ln S_t$	0.00998 (1.32)	0.0099 (1.31)	0.52225 (73.18)***	0.52224 (73.18)***
F값	1.12	1.27	1,877.28	1,877.13
Adj-R^2	0.0001	0.0002	0.6006	0.6006

주1) $COMP1_{i,t} = \dfrac{COMP_t - COMP_{t-1}}{COMP_{t-1}}$: i기업 t년도 임원 현금보상의 변화율

$COMP2_{i,t} = \ln(현금보상)$: i기업 t년도 임원 현금보상의 자연대수값

$RET_{i,t}$: i기업의 t년도 주식수익률을 나타낸다.

$\Delta ROE1_{i,t}$: i기업의 (자기자본경상이익률)$_t$ - (자기자본경상이익률)$_{t-1}$

$\Delta ROE2_{i,t}$: i기업의 (자기자본당기순이익률)$_t$ - (자기자본당기순이익률)$_{t-1}$

$\ln S_{i,t}$: i기업의 t년도 매출액의 자연대수값을 나타낸다.

2) ***은 각각 유의수준 1%에서 유의적임. ( ) 안은 t-통계량

〈표 5-9〉를 살펴보면 경영자 현금보상의 변화율($COMP1$)을 종속변수로 사용한 기대보상함수는 설명력이 거의 없으며, 독립변수의 유의수준도 없다. 반면, 경영자 현금보상의 자연대수값($COMP2$)을 종속변수로 사용한 기대보상함수는 설명력이 매우 높다.[35]

〈표 5-10〉은 비기대 보상의 역할에 대한 실증분석 결과이다. 분석결과, 경영자 현금보상의 변화율($COMP1$)을 종속변수로 사용한 모형에서는 비기대 보상의 설명력이 없었다. 이는 기술통계량을 설명함에 있어 미리 예견되었던 결과이기도 하다. 〈표 5-9〉에서 나타나듯이 $COMP1$를 이용한 기대보상모형 자체가 비유의적이므로 $COMP1$를 통해서 추출한 비기대 보상 UCOMP11과 UCOMP12 모형은 의미가 없다.

그러나 경영자 현금보상의 자연대수값($COMP2$)을 종속변수로 사용한 모형에 대해서는 비기대 보상이 미래 보상을 설명하는 것으로 나타났다. 더구나 모형의 설명력인 F값과 수정 결정계수(R^2)이 매우 높게 나타나고 있어 변수 간 자기상관관계를 의심할 수도 있으나, DW통계량을 살펴보면 자기상관은 의심할 수준은 아닌 것으로 판명된다.

결국 〈표 5-10〉은 경영자보상에 사용되는 회계이익의 정보력 감소가 보상함수에 포함되지 못한 누락성과변수의 상대적 정보력 향상에 기인함을 간접적으로 증명한 것이다. 따라서 비기대 보상이 기업의 미래성과와 양($+$)의 상관관계를 가질 경우, 비기대 보상은 미래성과에 대해 정보력을 가지는 것으로 해석된다.

그러나 비기대 보상의 역할을 검증하는 데 사용된 본 연구모형은 한계점을 가지고 있다. 그것은 비기대 보상의 역할을 검증함에 있어서 기업의 지배구조에 따른 대리문제를 직접적으로 통제하지 못하였다는 점

---

35) 그러나 $COMP2$를 이용한 기대보상함수의 경우, 매출액을 이용한 기업규모 통제변수만이 예상부호와 일치하며 통계적 유의수준도 높게 나타나고 있다.

이다. 뿐만 아니라 보상함수에 사용되는 경영자보상을 임원 1인당 평균 보상이 아닌 해당 기업의 임원보상총액을 사용하였으며, stock option과 같은 주식관련 보상은 전혀 고려되지 못하였다는 점 역시 한계점으로 지적된다. 그러므로 이러한 문제점을 보완한 이후의 비기대 보상의 역할은 재분석될 필요가 있다.

\<표 5-10\> 비기대 보상의 역할

	종속변수							
	$COMP1_{t+1}$		$COMP1_{t+2}$		$COMP2_{t+1}$		$COMP2_{t+2}$	
절편	-1.315 (-2.3)**	-0.7252 (-1.74)*	0.6009 ((0.88)	0.4822 (0.78)	5.506 (19.7)***	5.2316 (16.2)***	5.079 (12.2)***	3.73463 (5.91)***
RET_{t+1}	0.0507 (0.79)	0.06648 (1.42)			-0.085 (-2.5)**	-0.0645 (-1.79)*		
RET_{t+2}			-0.154 (-1.9)**	-0.0788 (-1.25)			-0.0799 (-1.71)*	0.04292 (0.75)
$\Delta ROE1_{t+1}$	-0.023 (-0.34)				-0.038 (-2.9)***			
$\Delta ROE1_{t+2}$			-0.0015 (-0.05)				-0.0173 (-2.7)***	
$\Delta ROE2_{t+1}$		0.00272 (0.68)				-0.0506 (-3.2)***		
$\Delta ROE2_{t+2}$				0.00112 (0.05)				-0.0127 (-1.72)*
$\ln S_{t+1}$	0.0659 (2.7)***	0.0409 (2.23)**			0.4998 (41.0)***	0.5117 (36.5)***		
$\ln S_{t+2}$			-0.015 (-0.49)	-0.011 (-0.40)			0.5212 (29.2)***	0.57861 (20.9)***
$UCOMP11$	0.22379 (1.55)		-0.0704 (-0.72)					
$UCOMP12$		0.01225 (0.12)		-0.1147 (-1.34)				
$UCOMP21$					0.9507 (26.5)***		0.8267 (14.9)***	
$UCOMP22$						0.91725 (24.4)***		0.93536 (16.8)***
F값	2.33	1.74	1.17	0.90	517.39	510.91	292.25	181.55
Adj-R^2	0.0438	0.0139	0.0059	-0.0026	0.9014	0.8932	0.8675	0.8357
DW 통계량	2.331	2.189	2.179	2.174	2.064	2.317	1.481	1.283

주) *, **, ***은 각각 유의수준 10%, 5%, 1%에서 유의적임. ( ) 안은 t-통계량

본 연구는 회계이익의 유용성에 의구심이 제기되는 최근의 연구동향에 비추어 정보가치로서의 회계이익을 재조명해 보았다. 〈표 5-11〉에서는 지금까지 살펴본 연구의 검증결과를 요약하여 제시하고 있다.

<표 5-11> 실증분석 결과의 요약

연구 분석 내용(연구가설)	결과
보상-이익민감도(CERC)와 기업가치-이익관련성(ERC)은 양(+)의 관련성을 갖는다.	기각 (유보)
회계이익의 가치평가 정보력은 시계열적으로 감소하였을 것이다.	채택
회계이익의 수탁책임 정보력은 시계열적으로 감소하였을 것이다.	기각
회계이익의 가치평가 정보력에 있어 현금흐름의 정보력 감소가 시계열적으로 보다 심각할 것이다.	채택
회계이익의 가치평가 정보력에 있어 발생조정의 정보력 감소가 시계열적으로 보다 심각할 것이다.	기각
회계이익의 수탁책임 정보력에 있어 현금흐름의 정보력 감소가 시계열적으로 보다 심각할 것이다.	채택 (유보)
회계이익의 수탁책임 정보력에 있어 발생조정의 정보력 감소가 시계열적으로 보다 심각할 것이다.	기각
회계이익의 가치평가 정보력의 시계열 변화가 수탁책임 정보력의 시계열 변화보다 클 것이다.	채택
비기대 보상이 기업의 미래성과와 양(+)의 상관관계를 가질 경우, 비기대 보상은 미래보상에 대해 정보력을 가질 것이다.	채택

주1) 결과는 귀무가설이 아닌 연구가설의 채택여부를 뜻한다.
 2) "유보"는 변수정의별로 설정된 연구모형에 따라 예상부호나 유의수준이 혼재되어 나타난 경우가 있었음을 의미한다.

제6장 결   론

6.1. 연구의 요약

본 연구는 회계이익이 지니는 가치평가 정보력과 수탁책임 정보력이 시계열적으로 안정적인 관계에 있는지를 살펴보는 데 그 목적이 있다. 특히 회계이익과 주가 사이의 관계와 회계이익과 경영자보상 간의 경제적 연결고리를 추론하고자 하는 데 그 의의를 둔다.

최근 들어 회계이익의 유용성이 많은 비판을 받고 있는 가운데 회계이익의 시계열 변화를 관찰하고 그 원인을 분석함으로써 정보가치로서의 회계이익을 재조명해 보고자 한다.

본 연구의 분석결과는 다음과 같이 정리할 수 있다. 첫째, 회계이익의 가치관련성과 수탁정보력 간에는 이론상의 직접적 관계와는 달리 실증적으로는 상호 관련성을 포착하는 데 실패하였다. 특히 회계이익의 가치평가 정보력은 연도별 추세에 있어서도 변수정의별로 차이는 있었으나, 일정한 패턴으로 감소함을 확인할 수 있었지만, 회계이익의 수탁책임 정보력은 모든 정의된 변수에 대하여 연도별 추이에 일정한 패턴을 감지하지 못했다. 일부 모형에서 두 역할 간 회계이익의 상관관계 부호가 양(+)으로 나타나기도 하였으나, 한 모형에 대해서만 유의적이었으며 거의 대부분의 모형에서는 유의성이 없었다. 경우에 따라서 기대부호와는 반대로 음(−)의 관련성을 나타내기도 하였으나 역시 유의성은 거의 없었다.

둘째, 회계이익의 가치평가 정보력의 시계열 변화가 수탁책임 정보력의 시계열 감소보다 훨씬 심각하였다. 모형별로 분석결과에 차이는 존재하였으나, 시계열적으로 회계이익의 가치평가 정보력의 저하가 보다 심각했음을 확인하였다. 반면, 회계이익의 수탁책임 정보력의 시계열 변화는 기대부호와 같은 음(−)의 방향을 보이기는 하였으나 그 유의수준은 없었다. 이는 비록 회계이익의 가치평가 정보력의 시계열 변화가 감소한다 할지라도 회계이익의 수탁책임 정보력 역시 동일한 비율로 감소되지 않음을 의미한다. 즉 회계이익의 역할 간 정보력 차이가 존재함을 의미하는 것이다.

셋째, 회계이익의 정보유용성의 저하는 기업의 이익지속성과 관련이 있음을 실증분석하였다. 즉 회계이익의 가치평가 정보력을 발생조정과 현금흐름으로 양분하였을 경우, 모든 분석모형에 대하여 현금흐름의 시계열 변화가 음(−)의 유의성을 보였다. 이는 회계이익의 기업가치 관련 정보력 중 현금흐름의 정보력이 시계열로 유의적인 감소 경향에 있었음을 의미한다. 이는 과거 20여 년간 우리나라 기업의 경영성과가 양호하지 못했음을 반증하는 것으로 영업활동을 통한 현금흐름의 창출이 원활하지 못한 데 기인하여 회계이익의 가치평가 정보력이 감소한 것으로 해석된다. 반면, 발생조정은 오히려 시계열 변화가 양(+)의 유의성을 보여주었다. 발생조정의 가치관련성이 양(+)의 유의성을 띈다는 것은 경영자가 기업의 미래이익 전망에 대한 사적 정보를 신호하는 수단으로 발생조정이 활용되어 회계이익이 기업성과와 가치를 보다 잘 반영하도록 일조했음을 의미한다. 이것은 발생조정이 과거 기간동안 영업활동으로 인한 현금흐름의 감소에도 불구하고 회계시스템상에서 순기능적 역할을 수행했음을 의미한다. 수탁책임 정보력에 있어서는 현금흐름이나 발생조정의 정보력에 별다른 시계열 변화를 확인할 수 없었다.

넷째, 회계이익의 정보력 저하에 대한 비기대 보상의 상대적 정보력은 향상된 것으로 나타났다. 이는 경영자보상에 사용되는 회계이익의 정보력 감소가 보상함수에 포함되지 못한 누락성과변수의 상대적 정보력 증가에 기인함을 간접적으로 증명한 것이다.

6.2. 연구의 한계 및 향후 연구방향

본 연구는 분석상에 몇 가지 한계점을 가진다. 첫째, 본 연구에 사용된 표본기업은 우리나라 전체 상장기업을 대상으로 한 것이 아니라, 제조업만을 대상으로 실시하였다는 점이다. 제조업 중에서도 건설업 등은 제외시켰는데, 이는 비교가능성을 고려한 궁여지책이었으므로 연구분석 결과를 해석하는 데 있어서는 보다 신중함이 요구된다. 둘째, 기업을 계약의 집합체(nexus of contracts)로 가정할 경우 수탁책임과 관련된 당사자는 주주와 경영자만을 지칭하지는 않음에도 불구하고 본 연구에 사용된 수탁책임의 의미를 경영자 보상계약으로만 한정한 점이다. 그러나 수탁책임의 가장 대표적인 관계가 주주와 경영자라는 점에 있어서는 연구의 범위가 비록 축소되었다 할지라도 그 의의는 희석되지 않으리라 여긴다.

셋째, 회계이익의 구성요소로서 현금흐름과 발생조정 간의 정보력을 비교하였으나 발생조정을 재량적인 부분과 비재량적인 부분으로 구분하지 않고 총발생조정을 사용하였다는 점이다. 회계시스템에 있어 발생조정의 순기능적 역할과 역기능적 역할에 대한 보다 면밀한 분석은 총발생항목이 아닌 재량적 발생조정과 비재량적 발생조정 간의 비교로 가능하다. 따라서 본 연구결과에 대한 해석은 전반적인 양상에 대해서만 적용할 수 있다.

넷째, 비기대 보상의 역할을 검증함에 있어서 기업의 지배구조에 따른 대리문제를 직접적으로 통제하지 못했다는 점이다. 본 연구에 사용된 분석대상 기업의 이사회 구조나, 경영자의 소유지분과 같은 연구자료수집의 한계로 경영자 보상함수에 내재된 대리문제를 직접 여과하지 못하였다. 따라서 이러한 대리문제를 통제한 이후의 분석결과는 본 연구결과와 상이하게 나타날 수 있다. 뿐만 아니라 보상함수에 사용되는 경영자보상을 임원 1인당 평균보상이 아닌 해당 기업의 임원보상총액을 사용하였다. 그리고 최근에 대두된 stock option 등과 같은 보상변수는 전혀 고려되지 못했다. 이는 경영자 보상변수를 지나치게 제한한 것으로 변수 간 평균적인 관련성을 확인하고자 하는 회귀분석의 결과를 해석하는 데 주의가 요구된다.

이러한 한계점에도 불구하고 본 연구는 최근 들어 회계이익의 유용성이 많은 비판을 받고 있는 가운데 회계이익의 시계열 변화를 관찰하고 그 원인을 분석함으로써 정보가치로서의 회계이익을 재조명해 보고자 하였다는 점에서 의의가 있다고 여겨진다. 또한 회계이익과 주가 사이의 관계와 회계이익과 경영자보상 간의 경제적 연결고리를 추론하고자 하였다는 점에서 연구의 가치가 있을 것이다. 향후 연구방향으로는 앞서 살펴본 본 연구의 한계점을 완화시킨 상황에서 보다 분석적인 연구수행이 이루어질 수 있을 것이다.

참고문헌

1. 국내문헌

고완석, 이대선, 안태식, 최관, 회계학원론, 제2판, 율곡출판사(1999).

김정교, "우리나라 기업의 연간회계이익의 시계열속성," 회계학연구, 제9호 (1989) pp.71-98.

김정교, "기업특성요인별 이익의 현금흐름요소와 발생주의요소의 증분정보 내용," 회계학연구, 제23권 제1호(1998) pp.155-188.

나종길, "회계이익 및 현금흐름의 일시성과 추가적 정보효과," 회계학연구, 제22권 제1호(1997) pp.81-108.

남상오, 회계이론, 제2판, 다산출판사(1996).

서민정, "경영자 보상과 재량적 발생항목의 관계에 대한 실증연구," 부산대 학교 석사학위논문(2001).

손성규, "주가와 이익정보 관련성의 횡단면 차이," 회계학연구, 제23권 제1 호(1998) pp.127-153.

송인만, 박철우, "주식시장개방과 주가행태: 회계정보의 역할," 경영학연구, 제27권 제1호(1998) pp.63-92.

이해영, 박찬정, 대리모형이론, 청주대학교 출판부(1990).

임병천, "경쟁환경의 변화에 따른 종업원과 관리자의 새로운 역할," 국제경 영리뷰, 제4권 제1호(2000), p.255-269.

정혜영, 김지홍, 주진규, 전성빈, 윤성식, 자본시장과 회계정보, 양영각 (1993).

지성권, 양준모, 유승훈, 이대식, "경영자보상과 경영성과의 실증분석 -한 국과 일본기업의 비교연구-," 한국회계정보학회 추계학술연구발표회 발표논문집(1998) pp.1-29.

최 관, "주식가격에 대한 회계이익과 현금흐름의 정보가치," 회계학연구, 제16호(1993) pp.1-27.

최상문, 김정교, 조용언, 중급회계, 무역경영사(2000).

齋藤靜樹 저, 최상문, 박영병 공역, 기업회계 - 이익의 측정과 공시, 부산대학교 출판부(1988).

최정호, "우리나라 기업의 미래현금흐름을 예측하기 위한 회계이익과 현금흐름 변수의 비교분석에 관한 연구," 회계학연구, 제13호(1991) pp.25- 47.

최종서, "재량적 발생조정이 이익구성요소의 정보효과에 미치는 영향," 회계학연구, 제23권 제4호(1998) pp.81-115.

한봉희, "국내자본시장에서 회계이익정보의 유용성 향상 여부에 관한 실증적 연구", 회계학연구, 제23권 제1호(1998a) pp.1-25.

______, "발생주의적 조정의 유용성 저하에 관한 실증연구," 회계학연구, 제23권 제4호(1998b) pp.53-79.

황인태, "경영자 보상과 기업성과," 회계학연구, 제20권 제3호(1995) pp.107-125.

2. 국외문헌

Adams, H., "Factors Affecting the Use of Performance Variables in Executive Compensation Contracts," Working paper(Northwestern University, Evanston, IL)(1987).

AICPA Special Committee on Financial Reporting, "Improved Business Reporting-A Customer Focus," (American Institute of Certified Public Accountants), (1994).

Baruch Lev and Paul Zarowin, "The Boundaries of Financial Reporting and how to Extend Them," *Journal of Accounting Research* 37(Autumn 1999), pp.353-385.

Beaver, W., Financial Reporting: An Accounting Revolution, 2nd ed., Prentice Hall, Englewood Cliffs, New Jersey(1989).

Bushman, Robert M., and Raffi J. Indjejikian, "Accounting Income, Stock Price, and Managerial Compensation," *Journal of Accounting and Economics* 16(1993) pp.3-23.

Bushman. R., E. Engel, J. Milliron and A. Smith, "An Empirical Investigation of Trends in the Absolute and Relative Use of Earnings In Determining CEO Cash Compensation," Working paper (1998).

Cho, Jang Youn, and Kooyul Jung, "Earnings Response Coefficients: A Synthesis of Theory and Empirical Evidence", *Journal of Accounting Literature* Vol.10. (1991) pp.85-116.

Collins, D. W. and S. P. Kothari, "An Analysis of Intertemporal and Cross-sectional Determinants of Earnings Response Coefficients," *Journal of Accounting and Economics* 11(1989) pp.143-182.

Collins Daniel W., Edward L. Maydew and Ira Weiss, "Changes in the Value-Relevance of Earnings and Book Values over the Past Forty Years," *Journal of Accounting and Economics* 24(1997), pp.39-67.

Dechow, Patricia M., "Accounting Earnings and Cash Flows as Measures of Firm Performance: The Role of Accounting Accruals," *Journal of Accounting and Economics* 18(1994) pp.3-42.

Easton, P. and M. Zmijewski, "Cross-sectional Variation in the Stock Market Response to Accounting Earnings Announcements," *Journal of Accounting and Economics* 11(1989a) pp.117-141.

Francis Jennifer and Katherine Schipper, "Have Financial Statements Lost Their Relevance?," *Journal of Accounting Research* 37(Autumn 1999) pp.319-352.

Kaplan R. and D. Norton, "The Balanced Scorecard: Translating Strategy into Action," Boston, MA: Harvard Business School Press(1996).

Kim, Oliver and Yoon Suh, "Incentive Efficiency Compensation Based on Accounting and Market Performance," *Journal of Accounting and Economics* 16(1993) pp.25-53.

Ely Kirsten and Gregory Waymire, "Accounting Standard-Setting Organizations and Earnings Relevance: Longitudinal Evidence form NYSE Common Stocks, 1927-93," *Journal of Accounting Research* 37(Autumn 1999) pp.293-317.

Kormendi, R. and R. Lipe, "Earnings Innovations, Earnings Persistence and Stock Returns," *Journal of Business* 60, (1987) pp.323-345.

Lambert, R. and D. Larcker, "An Analysis of the Use of Accounting and Market Measures of Performance in Executive Compensation Contracts," *Journal of Accounting Research*(1987) pp.85-125.

Lipe, R. C., "The Relations Between Stock Returns, Accounting Earnings, and Alternative Information," *Accounting Review*(January 1990) pp.49-71.

Rayburn, J., "The Association of Operating Cash Flows and Accruals with Security Returns," *Journal of Accounting Research* 24(1986) Supplement, pp.112-133.

Sloan, Richard G., "Accounting earnings and top executive compensation," *Journal of Accounting and Economics* 16(1993) pp.55-100.

Watts, Ross L. and Jerold L. Zimmerman, Positive Accounting Theory, Prentice Hall(1986).

· 저자 ·

주태순　　· 약　력 ·
(周泰順)　부산대학교 상과대학 회계학과 졸업
　　　　　부산대학교 대학원 경영학 석사(회계학전공)
　　　　　부산대학교 대학원 경영학 박사(회계학전공)

　　　　　현 부산가톨릭대학교 연구교수

　　　　· 주요논저 ·
　　　　「종업원보상과 회계성과측정치와의 관계에 대한 실증연구」
　　　　「회계이익의 정보유용성에 관한 실증분석-가치평가와 수탁책임의 정보력비교-」
　　　　「벤처기업 경영자 보상에 대한 실증연구」
　　　　「경영자 stock-option 보상의 민감도 결정요인에 관한 실증연구」
　　　　『벤처산업의 대리문제와 해결방법』
　　　　『동남권 벤처산업의 경쟁력 향상 : 신경영혁신체제 구축 전략을 중심으로』
　　　　외 다수

● 회계이익은 신뢰 가능한 정보인가?

· 초판 인쇄	2006년 8월 31일
· 초판 발행	2006년 8월 31일
· 지 은 이	주태순
· 펴 낸 이	채종준
· 펴 낸 곳	한국학술정보㈜
	경기도 파주시 교하읍 문발리 526-2
	파주출판문화정보산업단지
	전화　031) 908-3181(대표) · 팩스　031) 908-3189
	홈페이지　http://www.kstudy.com
	e-mail(e-Book사업부)　ebook@kstudy.com
· 등　　록	제일산-115호(2000. 6. 19)
· 가　　격	9,000원

ISBN　89-534-5632-0 93320 (Paper Book)
　　　　89-534-5633-9 98320 (e-Book)